地域活性化シリーズ

津軽海峡物語

―津軽海峡圏構想の現実的可能性を探る―

エコハ出版

はしがき

津軽海峡を挟んだ北海道道南地域と北東北地域は古くから共通の文化圏を構成してきた。

この両地域は氷河期には陸続きであったし、縄文時代の人々は、丸木舟で津軽海峡を往き来していた。弥生時代からは、大陸からの渡来人との混血による「和人」が威力を持ち、次第に東北さらに北海道にまで勢力を拡げることになるが、原住民のアイヌ人はそれとの交流と闘争を続けた。江戸時代、松前藩が北前船を使って本州との交易を図るが、拠点は海峡に面した沿岸部だけで、ほとんどは、原住民であるアイヌ人との交易に頼っており、いざという時は、津軽海峡を渡って逃げ帰られるようになっていた。

幕末から明治にかけては、開国や富国強兵のため、様々な政策が実施されたが、函館と青森を結ぶ青函連絡船は両地域を結ぶ太いパイプであり、そこに様々な物語が生まれた。

両地域の間には、今では海底トンネルの鉄道のほか、航空機、フェリーなどの交通手段が発達し、人や物資の交流が盛んになっている。特に、二〇一六年に開通した新幹線は、両地域の移動時間を一挙に一時間以内に短縮することになった。
これを契機に「津軽海峡圏」の構想を復活できないかとの議論が盛り上がっている。このテーマは以前からも何回も論じられてきたものであるが、様々な理由でそれほど進展してこなかった。しかし、ここに来て、新たなテーマとして浮上しているので、本書ではその基礎的条件についてもう一度検証してみることにする。（注１）

その際、ベースになるのはこの両地域が共通のアイデンティティを持っているかということである。津軽海峡を挟んだ地理的・風土的つながり、縄文以来の長い交易の歴史のほかに、観光・産業・流通などの実体経済面でのつながりが重要である。また、津軽海峡を利用した「海洋牧場」の構想や風力・潮力利用の「自然エネルギー」などのダイナミックなプロジェクトもインパクトがあると思われる。

いずれにしても、「津軽海峡圏」を単なるお題目にとどめないための住民、産業人、行政の努力が求められているといえよう。本書がそれらを推進するのに少しでも貢献できれば幸いである。

（注１）本書で「津軽海峡圏」というときは、北海道道南地域と青森県をさすが、縄文のテーマなどでは北海道全体や北東北地域まで範囲を拡大して考えている場合がある。

目　次

第1章　津軽海峡の自然

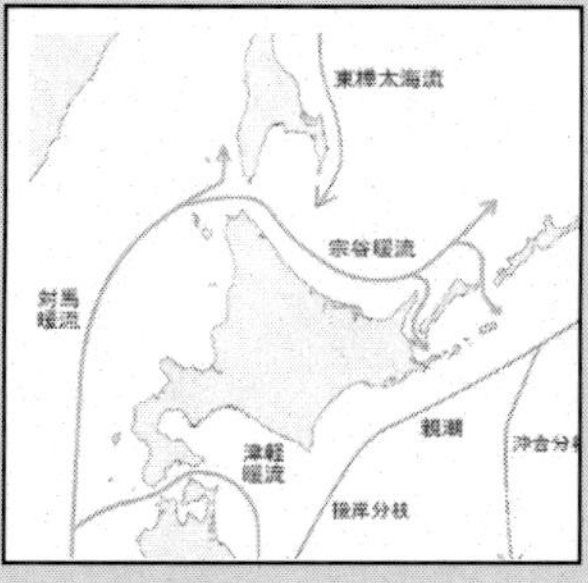

北海道周辺海流図

鈴木克也

新幹線開通で北海道・青森の時間距離が一挙に縮まったこと、「北海道・北東北縄文遺跡群」が世界遺産に登録される可能性が高まってきたこと等により「津軽海峡圏」の構想が再浮上しつつある。

本章では、その基礎条件の一つとして、津軽海峡自体の自然・風土の特徴を見ておこう。

この海峡が世界の中でも有数の**「オーシャンセブン」**の一つであり、古くから異文化の交流の場であったこと、特にこの津軽海峡が、暖流と寒流が複雑に流れ込む地形で、その結果、コンブ・アワビ・ウニ・イカ・マグロなど多様で豊富な海洋資源の宝庫になっていることをみる。陸上でも北海道と本州の動植物の生態が重なりあう特殊な地域であり、有名なブラキストンラインが存在していることを記す。

1　世界の中の津軽海峡

「海峡」とは陸地に挟まれた海の一般的よびなであり、「瀬戸」や「水道「なども含む広いい概念である。フリー百科事典のウイキペディアにリストアップされているものとしては世界に一〇二件、日本には海峡三一件、瀬戸八件、水道九件があげられている。

その中でも世界を代表するものとして、世界ウォータースイミング協会があげる「オーシャン」セブンが有名であり、津軽海峡はその代表の一つとなっている。（図表1─1）

図表 1-1 オーシャンズセブン

（注２）世界ウォータースイミング協会創立者スティーブン・ミュナトネスが定めた。

2 地理的特徴

地形と潮流

津軽海峡の地形を見ると、本州側の下北半島・津軽半島、北海道側の松前半島・亀田半島に囲まれ、いかにも地殻変動によって分かれたように見える（これには面白い昔話があるので、ボックスで紹介しておく）。

しかし、最近の研究では、今から七万年前の最終氷河期には、大きな地形の変動はなく、氷結によって、海水面が下がり、本州と北海道が陸続きとなっていたと考えられる。その陸地を通って中国大陸からナウマンゾウが日本に渡り、それを追いかける形で、「旧石器時代人」が日本にやってきたと考えられている。

やがて地球が温暖化し始め、両方からの暖流（対馬海流）と寒流（日本海流）が流れ込み、津軽海峡が形成されることになる。

津軽・龍飛地方の伝説

『龍飛岬に黒神がおり、男鹿半島には赤神がおり、龍飛岬の黒神はあるとき十和田湖に住む美しい女神に恋をした。ところが男鹿半島の赤神もその女神に熱を上げたので、三角関係が生じた。

そこで黒神と赤神は決闘して優劣を決めることにした。結果は男鹿の赤神の方が負けてしまった。

龍飛の黒神は飛び上がって喜んだが、そこに意外な事態が生じた。自分の方へ来るはずの女神が、〝負けた赤神が可哀想〟と言って、男鹿半島へ行き、赤神の洞窟に身をかくしてしまった。驚いたのは黒神で、〝約束が違う〟と憤慨したが、もう後の祭り、無念の黒神は〝ヘァーッ〟と大きな溜息をついたのであった。ところがその勢いがものすごかったため、津軽と北海道がフワーッと離れてしまったのである。津軽海峡はこの時、出来たのだ』

なんとも罪のない話だが、太古は北海道と津軽半島とがついていたと、考古学など発達していなかった時代の人たちが考えていたことに興味が湧きます。

（根津静江筆）

この潮流は、流れが強く、方向性をもっているので、昔から**「しょっぱい川」**と呼ばれていた。海というより川の感覚でとらえられてきたのである。暖流が流れ込んでいるので流れがあり、塩分でしょっぱい川だという訳である。

津軽海峡は、その成り立ちから、東の太平洋と西の日本海を繋ぎ、東口からは親潮の冷たい（接岸分岐）水が一部入り込み、西口からは、北上する対馬海流から分かれた津軽暖流が三つの潮流となり、東方向に流れている。

海峡は東側が深く、西側が浅くなっており、潮の流れは強く、ぶつかり合い、大小の渦巻きも出来て複雑な流れをつくっている。昔から瀬戸内海、玄界灘とともに日本の３大難所と呼ばれてきた。

陸上を見ると、北海道側は、松前半島と亀田半島の二つが海峡に突っ込んだようにあり、青森側は、陸奥湾を抱えるように津軽半島と下北半島の二つの半島になり、両方の海岸線には五百メートルから千メートル程度の山々が迫っている。

このような対岸にあたる南北の地理形態から、津軽海峡は総体的に東西方向の風（特に西寄り）が多い。南北の山々と東西の風がクロスして、海峡ではその場所によって特殊な吹き方をする。

気候と天気

地球が温暖化していた縄文時代には、この地域には落葉樹が生い茂り、海面が上昇し、台地から海や川にアクセスしやすかったために人々が住みやすい地域だったと思われる。

ただ、天候は変わりやすく、風が強くなることが多かった。それによる海の事故も多かったので、人々の天候への関心は強かった。

縄文の人々をはじめ、古来の先人は海峡を挟んだ遠くの山や生きものの様子などから天気の変化を予測していた。このことを観天望気といい、諺として残っている。

海中と海上の特性は、四季を通じて激しい気象の変動を示し、この面からも昔から瀬戸内海、玄界灘と共に、日本の三大難所として恐れられている。こうした特性を持つ海峡は、日本海と太平洋の二つの海流を運ぶ恵み（栄養素など）が昆布などの海藻を育み、イカ（近年は不漁苦戦！）やマグロなどの漁場である。

天気に関する諺の多くはその地方の人々、あるいは特定の個人の印象に強く残ったものが言い伝えられたものである。それぞれに何らかの意味を持っており、今日のような天気予報がなく、他に頼るものがなかった時代には、重要な役割を果たしていた。現在にも海峡の両岸にある格言的な諺は、注意すべき現象を覚えやすく、今も生活や産業に通用するものである。

また、風の方位別呼び名（俗称）は、ヤマセ（東寄りの風）、アイ（北寄り）、クダリ（南の風）など函館、青森とも共通するものが多い。

津軽海峡の気象に関する諺としてはボックスのようなものがある。

一万年も前に津軽海峡を挟んだ両地域に定住した縄文人も対岸の山々の様子や雲の状況などから風の方向や会場のなぎを予測し、この海峡を行き来をすることにより共通の文化圏をつくっていたと考えられる。

また、天候に左右されたくないとして、鎌倉時代、

天候に関する諺

岩木山近く見えれば時化。

…津軽の岩木山が近くに見えると、東か南の強い風が吹いてやがて時化る。（松前館浜）

岩木山みがけばヤマセ吹く。

…岩木山が綺麗に見えるときは、東風が吹き、時化る。（東津軽脇野沢）

函館山見せればアイ吹く。

…函館山が見えると、北風が吹く。（蟹田）

これらは、北海道側は、亀田と松前の半島を、青森側は、下北と津軽の半島という各々二つの半島を海峡に両足両手のように突っ込んだような形であり、南北両方から 500～1000 メートルの山が迫っている谷間のような形となり、この影響で風は、東西方向が卓越し、なかんづく西寄りの風が多いからである。

※「津軽海峡の天気と諺」（津軽海峡海難防止研究会編、北海道新聞社）抜粋

（上村栄次筆）

源義経が津軽海峡に橋を架けようとしたという伝説が残っている。（ボックス）

3　動植物の生態系

津軽海峡の水深は、現在一五〇メートル程度であるが、氷河期には北海道と本州は陸続きであった。北海道の吉岡地区と青森の竜飛岬は山脈でつながっていて、青函トンネルはその下を通っている。

現在の気候条件のもとでは、津軽海峡と函館山を境に、本州と北海道の動植物の生態が違うことを**ブラキストン**が発見した。（注2）

しかし、今から考えると、その差は決定的なものではなく、むしろ両地域の動植物の多様性を示す程度のもので、両地域とも海の幸・山の幸が豊富なことが自然資源となっている。

海洋水産物

津軽海峡の海洋水産物については、青森県の水産局の資料にそのイメージが解りやすく説明されている（図表1—2）。

源義経伝説

下北半島に見られる見事な柱状節理（材木岩）には、「昔、源義経が異母兄弟の頼朝から追われて、蝦夷（北海道）へ逃げ渡ろうとし、海峡へ橋をかけようとして、沢山の材木を集めてそれが石になったのが、この材木岩だ」との伝説を伝えているのです。

これなども海峡を徒歩で渡れたら良いだろになあーという願望から生じた伝説と言える。

（根津静江筆）

これはあくまで青森側から見た水産資源の現状であるし、津軽海峡の範囲を越えているが、大まかに特徴を見るには問題はない。

これによって見ると、日本海側を北上する対馬海流にのって、イカ・ブリ・クロマグロ等が北上し、北方から下ってくる日本海流にのってサケ・マス・ニシン等が集まってくる。また太平洋側の暖流にのって、イワシ・カツオ・イカが集まる。暖流と寒流がぶつかる地点では、プランクトンが発生しやすく、それをエサにした様々な海洋生物が集まり、育つ。函館側のコンブや各種の海藻、またそれらをエサとするホタテ・ウニ・アワビ等も豊かである。

それらの海洋資源をどのようにブランド化し、付加価値をつけてマーケティングするか、また今後はそれらの資源をどのように保全し、育てるかが大きな課題となっている。

津軽海峡の周辺では暖流と寒流がぶつかり混じり合うところがあり、栄養分も高いので、昆布、ワカメなどの海藻類、ホタテ、アワビなどの貝類、鮭、ニシン、イカ、マグロ、イルカなどの魚類等が集まる海域であった。

陸の山々には多種類の樹木が茂り、果実や山菜、小動物なども多く、食の環境にも恵まれていた。現在でもこの地域は「食の王国」として

ブラキストンの碑

（注１）　ブラキストンは 1832 年イギリスで生まれ陸軍軍人としてクリミア戦争にも参加したが、のち貿易商、事業家となり 1,963 年から 23 年間、箱館で在住、箱館における外国人交流のキーマンとなった。その間、津軽で動・植物の採取や研究を行ない、津軽海峡が北海道と本州の境界線であることを発表した。

のポジションをもつ可能性がある。

4 クロスロードとしての性格

古代より、自然の恵みを敬いながら、人々は営みを進め、歴史を重ねて来た。

交通、物流を概観すると津軽海峡を東西（太平洋〜日本海）に通航する船舶は、国際航路コンテナ船だけで年間二〇〇〇隻弱に上る。韓国の釜山、中国の青島、ロシアのウラジオストックなどから北米へと至る最短距離だからである。

南北軸では、国内船舶が青森と函館を結ぶフェリー2社が、一日三十六隻往復する。それに青函トンネルが北海道の南端と本州の最北端を結び、年間二百二十九万人（開業後一年間）の人と貨物を運んでいる。

主要な交通・物流は東西南北でクロスして〝海峡の道〟をつくっている。まさに、津軽海峡は**クロスロード**であった。

そして今、取り巻く環境（例えば自然・漁業を取り巻く環境の変化など）と交わり

図表 2-1 津軽海峡の水産資源

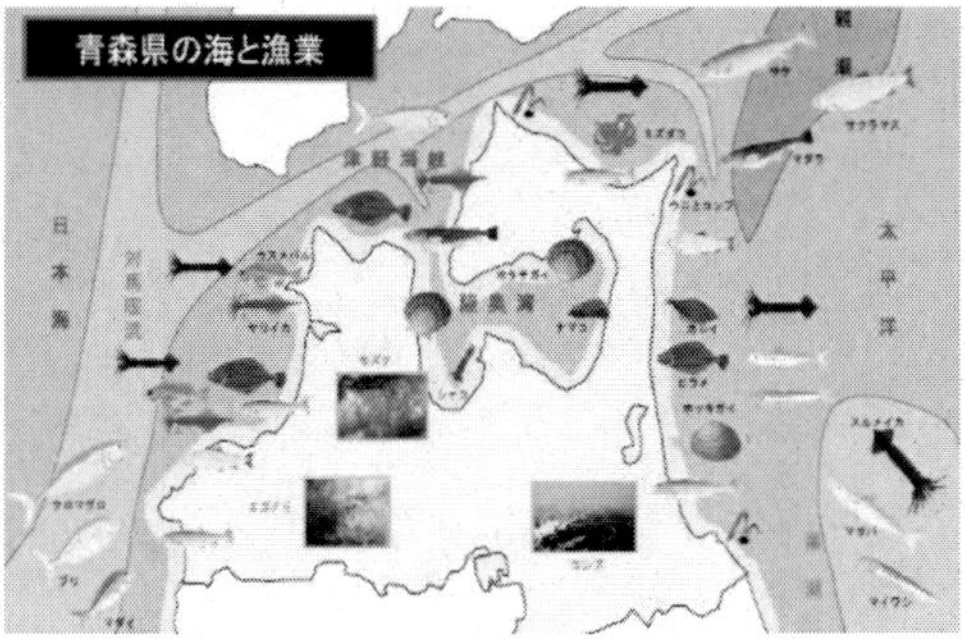

（出所）「漁業生産者の担い手育成事業水産教室用パンフレット

ながら津軽海峡の価値を維持・発展させる努力が、海峡を守ることになる時代となった。

第2章　津軽海峡交流史と「津軽海峡圏」構想

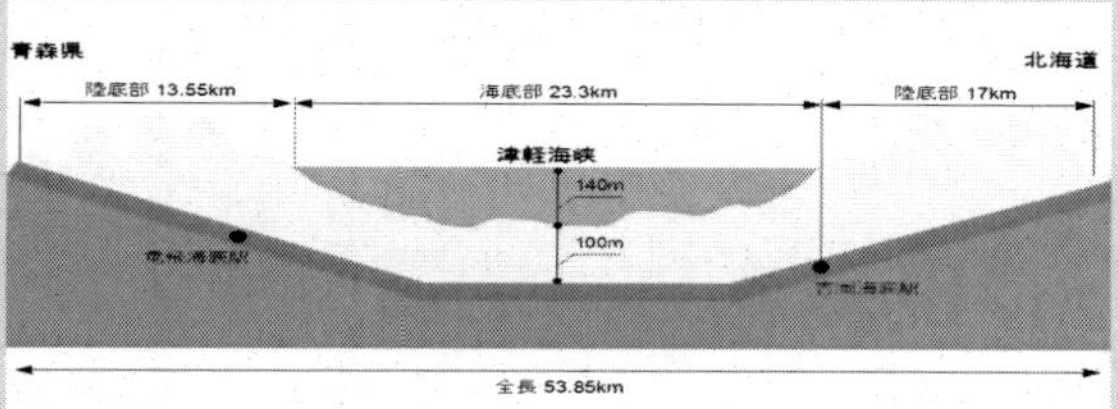

津軽海峡と青函トンネル

鈴木　克也

前章で見た自然・風土と共に、津軽海峡と、それを挟む北海道道南と青森を中心とした北東北の地域には、長く積み上げられた独特の歴史・文化がある。また、その元でのヒトやモノ情報の交流があって、それが「津軽海峡圏」の基礎条件ともなっている。

本章では、津軽海峡交流の歴史として、それを整理することにする。

1　津軽海峡の交流の歴史

縄文中期の最盛期

縄文時代は一万年近くも続いたが、特に、中期から後期にかけては、人々が津軽海峡を丸木舟で行き来していた。北海道や北東北では産しないヒスイが発見され、北海道の内陸部でしかとれない黒曜石が青森の遺跡から発見されたのは、その証明とされている。

北海道・北東北の地域には、縄文人の集落が多数あり、その集落の間には、共通の言語などのコミュニケーション手段があり、様々な交流が行なわれていたと考えられている。人の移動は陸路より海路が便利であり、津軽海峡では丸木舟を利用した移動が行なわれていた。

北海道・北東北地域を中心とする縄文集落遺跡については、第3章で詳述するが、この人々が自然と共生しながら、長い間、平和で安定的な生活を送ってきたことは、人類史上にも残る出来事であったことが解ってきた。これこそ世界文化遺産にも値するものと考えられる。

このことは本書のテーマである「津軽海峡圏」を考えるうえでの最も基礎的な条件の一つであるので第3章で詳述する。

福井県鳥浜遺跡で発掘された丸木舟

和人の進出

時代がくだって弥生時代には、渡来系の和人が東北地方まで進出したが、津軽海峡を渡って北海道まで大量に押し寄せることはなかった。和人が住み着いたのは、せいぜい津軽海峡に面した道南の沿岸部であり、そこでは線昆布や各種の水産物を採集し本州に送ったが、大半は原住民であるアイヌ人の活動領域であった。

北海道函館の志海苔館跡からは、漁や海藻採取の道具と共に、鎌倉・室町時代に全国で流通していた宋の銅銭が大量に見つかり、当時から道南採取の昆布が流通していたと考えられる。

鎌倉・室町時代には、東北津軽の安藤氏が管領（かんれい）となり、道南に館（たて）をつくって砦としてきた。しかし、これもコシャマインの乱（一四五六年）によって滅ぼされた。そうした中、東北岩手出身の武田信広がわずかの兵を率いてアイヌ勢を押え、蠣崎（安藤）の養子となり、松前藩の始祖となった。その後もアイヌとの争いは絶えなかったが五代目の季広の代になってようやく和解された。

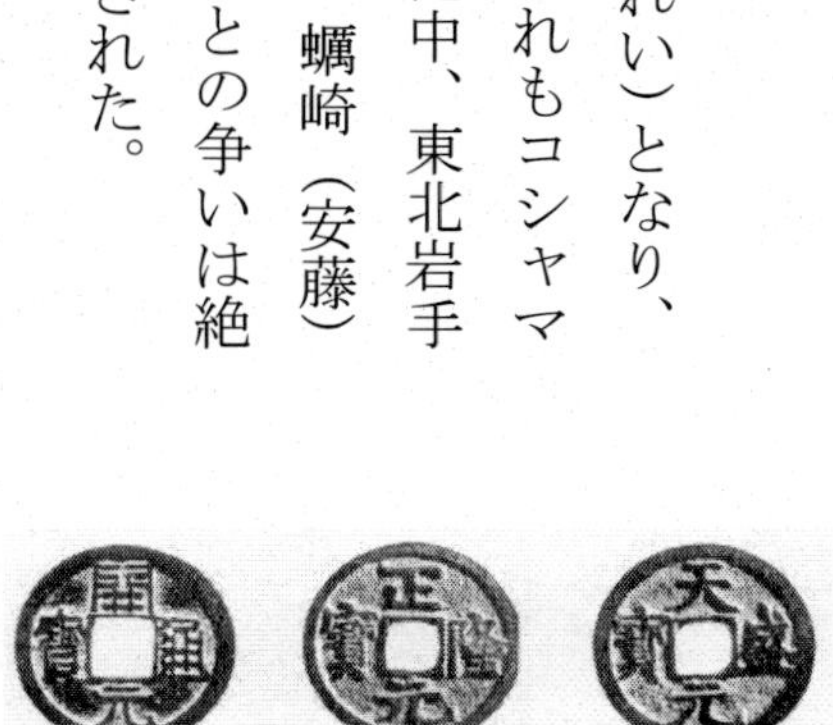

志海苔館跡

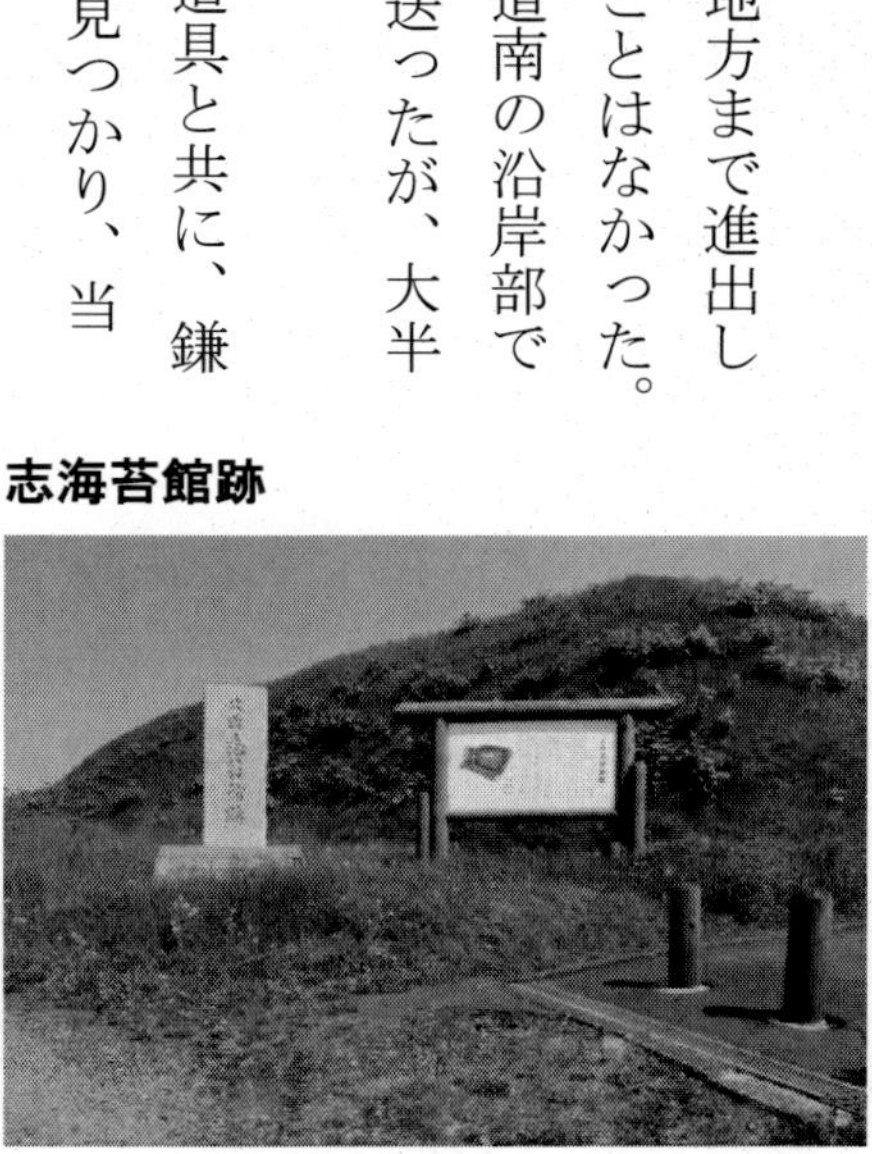

（出所）函館市ホームページ

北前船の時代

江戸時代には、松前藩が幕府から北海道の統治を任されるが、当時は米作が出来なかったので、税は海産物でなされた。

当時、昆布・鮭・ニシンなど豊富な北海道の産品を本州に運んだのは「北前船」であり、逆に京・大坂からは繊維製品や工芸品が北海道にもたらされることになった。北海道の松前、江差、箱館、北東北の深浦（青森）、秋田、酒田などは北前船の寄港地として大いに栄えた。

北前船が当時の日本海流通で果たした大きな役割とその現代的意義については、第４章でも述べるが、この地域が北の拠点であったことを想起したい。

津軽海峡に面した箱館（現在の函館）は、江戸時代中期の一八一〇年に北前船でやってきた高田屋嘉兵衛が北前船の北海道の拠点として、また、北洋漁業開拓の拠点として開いた港町であった。（注１）

幕末から明治の開港

一八五三年に米国艦隊のペリーが来航し、下田と共に全国最初の開港地となって以

酒田市日和山の北前船模型

（注１）高田屋嘉兵衛の業績については司馬遼太郎の「菜の花の沖」で取り上げられて広く知られるようになっている。

来、箱館は西洋文化との交流拠点となってきた。そして、領事館、キリスト教、医療、科学技術、教育制度等とともに、食文化、住宅様式、音楽・芸術活動にいたるまで、様々な西洋の生活様式を持ち込まれた。

そもそも、オープンで自立的な精神を持っていた人々は、異文化を抵抗なく受け入れ、そのことにより、早くから国際都市の性格を持つことになった。その雰囲気は今の函館でも残されており、函館は異国情緒の漂う港町として日本有数の観光都市となっている。函館の開港時からの歴史と文化についてはエコハ出版では様々な機会に紹介しているので、ここでは割愛する。（注2）

また、明治の北海道開拓にあたっては、本州各地からの移住民の受け入れ拠点となり、様々な地方文化との交流拠点ともなった。

青函連絡船

後述するように明治の初期には、廃藩置県によって、松前や函館は、東北の弘前県の一部となり、その後青森県となった。当時、津軽海峡を挟んだ両地域は、行政的にも一体だったのである。当時の津軽海峡の交通は、「青函連絡船」によっていたが、そのことにつ

（注2）エコハ出版編『地域における国際化』２０１４年８月

外国船

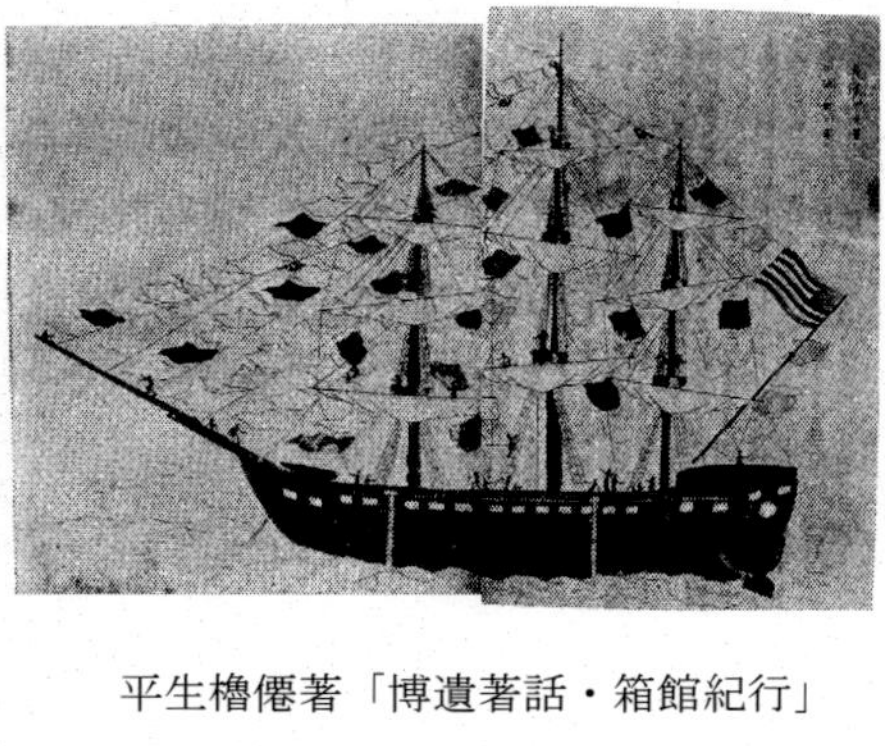

平生櫓僊著「博遺著話・箱館紀行」

いては『青函連絡船なつかしの百年』に詳しいので、その一部を紹介しておく。

この両地域の交通は、北海道開拓使の付属船「弘前丸」によって行われていたが、交通量が増えると共に民間の商人などの参入も出てきた。

また、明治八年には郵便汽船、三菱会社が、横浜・青森・函館の航路を開設し、明治二十六年には、青森・函館・室蘭の航路を開設し、船の数も増えていった。

開拓使による屯田兵や漁業就労の移民などの増加により、青森・函館の港町は大いに賑わってきた。これには全国の鉄道網の整備が大きく関係していた。

そうした中で、青函の定期航路開設を求める声が高まり、明治四十一年一九〇八年）には日本鉄道会社が、東北本線、函館本線を結ぶ形で、青函連絡船が開通することになる。

この時の船は、当時世界最新の蒸気タービン船で、これはイギリスで造船された「比羅夫丸」と「田村丸」であった。

これに鉄道車両がのせられるようになるのは、昭和十年（一九三五年）のことである。

一九三五年には日本最初となる大型連絡船が投入され、鉄道車両が輸送できるようになった。当時はこうした富国強兵政策にも乗り、函館と青森を結ぶ太いパイプ役となった。

これによって大量の物資と人の交流が日常的なものとなり、両地域の流通業や金融業等の共通の産業基盤も築かれていった。

また、この連絡船は本州と北海道を結ぶ人々の出会いと別れの場であったため、様々な「連絡船物語」が生まれたことも記憶に残るものであった。

メモリアル青函連絡船

八甲田丸（青森市）

摩周丸（函館市）

海底トンネル計画

第二次世界大戦時には、この連絡船も攻撃され、一時は完全不通となったが、戦後はすぐに復活した。昭和二十八年（一九五三年）には、年間二〇〇万人の客と、四〇〇万トンの貨物が津軽海峡を渡るまでになった。

その頃から両地域の連携による共通の経済圏への期待が膨らみ、様々な議論がなされたが、それが海底トンネル開設につながっていった。

たまたま、昭和二十九年に発生した台風二十三号による洞爺丸遭難事故がおこり、これがきっかけで海底トンネル計画が加速された。

昭和三十六年（一九六一年）には海底トンネルの工事が開始されることになった。世界一長い海底トンネルは難工事が続き、昭和六十一年（一九八八年）に、やっと完成した。

このことにより、函館と青森は陸続きとなり、ＪＲによって約二時間でむすばれることになった。連絡船では四時間かかっていたものが半分に短縮されることになったのである。

2 「津軽海峡圏」の構想

北海道と本州を結ぶ接点として津軽海峡を挟んだ北海道道南地域と北東北地域を一体的に捉えようとの動きは、戦後の大きなテーマであった。しかし、これが具体的に取り上げられるようになったのはやはり海底トンネルの工事が始まる一九六〇年ごろからであった。海底トンネル開通後は少し静まっていたが、新幹線の計画が進展するとともに再度、議論が盛り上がってきた。

それらの流れについては、一般財団法人青森地域社会研究所が、平成二十五年度～二十六年度にかけて「新時代における津軽海峡交流圏」という研究シリーズを月刊誌「れぢおん青森」に掲載した。それを参考にしながら「津軽海峡圏」に関する議論と活動を簡単にまとめておこう。（注３）

（注３）地域社会研究所は青森銀行が中心となった地域シンクタンクである。

図表2-1 「津軽海峡圏」に関わる交流史

昭和29年（1954年）	洞爺丸事件
昭和36年（1961年）	青函トンネル工事開始
昭和58年（1983年）	北海道東北開発公庫
	「青函地域の交流の現状と新たな青函経済交流圏の形成に 向けての検討」
昭和62年（1987年）	「青函インターブロック交流圏推進協議会」
昭和63年（1988年）	青函トンネル営業開始
昭和63年（1988年）	「青函トンネル開通記念博覧会」
昭和63年（1988年）	国土交通省「第４次全国総合計画」（四全総）
	（インターブロック構想）
平成元年（1989年）	「ツインシティ推進協議会」
平成11年（1999年）	１０周年記念事業
平成21年（2009年）	２０周年記念事業
平成23年（2011年）	「青函圏交流・連携ビジョン」
平成27年（2015年）	北海道新幹線開通
	新時代に向けた津軽海峡交流圏と「津軽海峡圏」構想

（出所）末永洋一『津軽海峡交流史』

阿部寛治による津軽海峡圏構想

研究シリーズの主幹である末永洋一氏の紹介によると函館の経済人でもあり、代議士でもあった阿部寛治が次のように論じたのが「津軽海峡圏構想」の始まりだったという。

「政治的・経済的一体性を持って運営する『津軽海峡圏』の有機的一体性を進展させる海底トンネルが必要である」

「このことは津軽海峡という地理的位置を理解せしめ、且つこの理解を基礎に海峡各都市市民の結合をはかり、共通する一大構想の下に提携努力してこそ初めて具体化する」との主張であり、これが「津軽海峡圏」構想の出発点であった。

青函トンネル

しかし、海底トンネルには大きな予算がかかり、工事も難航が予想されたので、様々な議論が起こり、実際に着工されたのは、一九六二年になってからであった。

工事は当初、在来工法で可能だと思われていたが、浸水の問題や海底での土壌軟弱のため難航を極めた。殉職者も多数発生する中で、技術面でも必死の努力が行われた。

それが完成したのは、一九八六年であるから実に二四年も要したことになる。津軽海峡海底から一〇〇ｍの所を掘り進み、全長５３・６㎞にわたる東洋一の海底トンネルである。

海底トンネルの営業か開始されたのは一九八八年であった。それを記念して「青函トンネル開通記念博覧会」が開催され、その翌年に函館市と青森市の「ツインシティ推進協議会」が設立された。これは両市の行政が中心になって関連の文化・スポーツ関係者が集まり、継続的な交流を実施するもので、その後十周年記念事業、二十周年記念事業も行なわれている。

また、一九八七年には北海道と青森県による「青函インターブロック交流圏推進協議会」も発足し、国レベルでの「第四次全国総合計画」（四全総）でもそれを後押しすることとなっていた。

しかし、海底トンネルによって函館と青森は陸続きとなったものの、まだ二時間もかかったこと、トンネル開通がバブルの崩壊と重なり、その後経済が停滞化したこと、航空機の発達、モータリゼーション進展等により、交通手段が多様化したということもあって両地域の経済発展はそれほど進まなかった。

図表 2-2 青函トンネルの概要

施工距離	青森県今別e浜名〜北海道上磯郡知内町湯の里
	53.8 km （世界最長）
工事期間	１９６１年（昭和36年）〜１９８８年（昭和63年）
働いた人	延べ1,370万人
使用した火薬の量	２，８６０t

新幹線の開通

その後、新幹線開通の工事が進み、二〇一六年末に函館にまで新幹線が到来した。函館・青森間は約一時間で結ばれることになった。

その過程で、津軽海峡交流の必要性が再度論じられることになり、二〇一三年には両地域の経済人が中心となって「津軽海峡交流圏ラムダ作戦会議」が設立され各種の具体的提言を行っている。

新幹線の開通は、青森・函館間を約一時間で結び、東京・函館間も四時間で結ぶことになった。

新幹線の乗車人数は、初年度一一五万人で従来の在来線に比して六十二％もの増加となった。函館市の入込観光客数は、五六〇万人に達した。

この経済効果は非常に大きく、日本政策投資銀行の資産では、三五〇億円位になるとされている。（注４）

新幹線を使った入込客数は二〇一七年度には、対前年三〇％になった。もちろん、三年目になるとその勢いは鈍っているが、その水準は高くなっている。

この効果は、本書で論じている「津軽海峡圏」にとっても、まずは観光需要の高ま

（注４）日本政策投資銀行では、平成 26 年度の経済効果予測として１８６億円としていたが、開業一年後の実績から 350 億円と修正した。その内訳は、直接効果 204 億円、間接二次効果 90 億円、間接効果 56 億円となっている。

りとして、大きなインパクトを与えるものである。

それでは、この両地域の有機的繋がりが前進し、一体感が強まったかというと、まだまだというところであろう。

問題は、この交通アクセスの改善を活用して、地域産業や企業、住民、自治体、関連する専門家などがどのような考えで、どのような行動をするかにかかっている。

ここでまず、「津軽海峡圏」全体の課題を整理しておきたい。

「第2青函トンネル」構想

最近のトピックスとしては津軽海峡に自動車専用の「第2青函トンネルを開通させようとの構想が持ち上がっている。(日本経済新聞二〇一九年三月一三日)これには7000億円を超える予算が必要であるし、その費用対効果についての議論もあるので検討等に時間がかかることも予想されるがモータリゼーションの時代に対応するチャレンジの気持ちと市民の熱意には十分耳を傾ける必要があると思われる。

函館まで開通した新幹線

3　津軽海峡圏構想の課題

以上のように、「津軽海峡圏」の考え方や、その推進のための活動については、これまで様々な努力が行なわれてきた。

しかし、これまでのところは、めざましい進展がなく、現実的な効果も大きくはなかった。新幹線開通によって青函が約一時間でつながった今、これを本格的な軌道に乗せるための課題については本書全体で検討するが、ここであらかじめ問題意識の骨格を整理しておきたい。

①　青函共通のアイデンティティ確立

青函には津軽海峡という恵まれた自然・風土があり、それを挟んで歴史的・文化的交流があった。しかし、市民の間で、精神的な一体感があったかというと必ずしもそうではなかったように思われる。

最終的にこれを突破するのは経済的利害関係の問題だと思われるが、それを促進するためにも、教育、文化、スポーツ活動を含めた情報面での密接なつながりが必要であろう。

現時点で大きな引き金になるのは、今問題となっている「北海道・北東北縄文遺跡群」の世界遺産への登録かもしれない。そのプロセスを含めた両地域の精神的共通性であろう。これについては、第3章で詳述するが、一万年続いた縄文文化の中心が津軽海峡を挟んだこの地域にあったことは大きな意味を持つ。この文化は、自然との共生、人々の平和と安定、深い精神性等の点で、日本文化の源流ともいえるもので、世界に誇るべき内容を持っている。

その文化を受け継いで両地域が一体となって世界的な情報発信が出来れば、地域としての世界的ポジションを確保できるかも知れない。

② 国際的視点での広域観光

両地域にとって、すぐに取り組め、大きな効果が期待されるのは国際的視点での広域観光の推進である。オリンピックをきっかけに訪日外国人観光客数が急増しているが、それをもっと意識的に取り上げるのである。

函館には、幕末の開港以来の文化的景観があり、すでに国際観光都市のポジションを持っているが、外国人からすると、長期滞在したり何回も訪れたりするには、これだけでは物足りないかも知れない。その点、青森、弘前、八戸などを含めたスケールの大きな、自然や温泉などはインパクトを持っている。

それらを含めて、長期滞在型の広域観光が実現できれば他産業への経済的波及も大きい。そのためには、外国人向けの言葉をはじめとする情報の提供、インパクトのある旅行企画と交通アクセスの抜本的改善、宿泊施設の問題やホスピタリティ重視など解決すべき課題が沢山ある。これらの問題については第6章で詳述する。

③ 津軽海峡を利用した食のブランド化

津軽海峡を挟んだ両地域は、今でも海の幸、山の幸の宝庫であり、「食の王国」を名乗ってもよい内容を持っている。しかし今のところは単品ごとの展開が中心で、それら全体が地域ブランドとなるところまではいっていないのではないだろうか。

それらを地域ブランドという共通意識をもった商品群としてマーケティングすることにより、全国的、もしくは国際的ブランドに仕上げていけば相乗効果も大きく、結果として付加価値を高める効果があるものと思われる。

その際、品質管理の徹底による地域ブランド商標権の取得をベースに大都市圏マーケットへのアプローチも真剣に考えるべき時にきている。この問題に関しては、第7章で取り上げることにしよう。

④ 津軽海峡を活用した新たなプロジェクトの立ち上げ

以上の外に、津軽海峡を活用した新しいプロジェクトを立ち上げるべきである。

これまでにアイディアとして上っている津軽海峡海洋牧場の構想や、潮流を利用した発電設備の開発、津軽海峡沿岸を巡る遊覧クルーズ等、常に新しいものを生み出していこうとの努力が重要である。

⑤ 立体的な交流と連携

「津軽海峡圏」を現実的で存在感のあるものとするためには民間の経済人、関係する専門家や知識人、広範な層の市民、行政関係者等による立体的で有機的な交流と提携が不可欠である。それは個人の意識と努力だけでは難しいので何らかの組織的な活動が必要である。

＊＊

津軽海峡圏への期待　（インタビュー）

末永洋一さん

末永さんがとりまとめをされた「津軽海峡交流圏」に関する研究シリーズを極めて興味深く拝読させていただきました。この企画の経緯をお知らせください。

（末永）私は北海道大学を卒業したあと、青森で大学教員を続け、青森大学学長、地域政策に関わる審議会や各種委員もしていました。

その頃、青函トンネルに関連した人や関係者専門家や、それに民間人、行政の人も加わった「青函問題研究会」を主宰して、津軽海峡圏についての様々な議論をしてきました。国も「青函インターブロック構想を提唱しておりました。

定年退職後は、一般財団法人青森地域社会研究所の特別顧問として「津軽海峡交流圏」に関する研究シリーズを企画しました。新幹

＊＊

＊＊

線開通を前にして、いいタイミングだと思ったからです。新幹線は青森と北海道の時間距離を短縮するだけでなく、精神的な隔たりも解消するものだと思われたのです。各分野の専門家から投稿いただきましたが、皆様「津軽海峡交流圏」の必要性とその現実的可能性については、熱い思いで論じておられます。

二〇一六年には青森・函館間の新幹線が開通しました。今のご感想はいかがですか。

（末永）新幹線開通により、青森と函館の所要時間は1時間ほどに短縮されましたので、青函の一体化は進みやすくなり、その効果は観光面などで出始めています。

また行政を中心に各方面での努力が続けられていますが、新幹線開通時に比べると、最近は全体的な「津軽海峡圏」の議論はそれほど盛り上がっておらず、大きな流れが出来たというところまではいっていないのが現状ではないでしょうか。

やはり、考えていたより、両地域の有機的交流の深化は難しいことが分かりました。

青函はふるくから共通の文化圏でした。それを象徴する縄文の集落は世界遺産として登録される可能性が出てきました。その効果は大きいと思いますがいかがですか。

（末永）確かに「北海道・北東北縄文遺跡群」は両地域が、共通の地域的文化圏を形成していた証です。もし、これが世界遺産に登録されることになれば、国際的にもそれが認められることになる訳で、大きな意味が出てくる

＊＊

＊＊＊

と思います。それをどのように活用して、両地域の活性化につなげ、国際的な視点で情報発信してゆく体制をつくるかということも今後の課題です。関係の専門家も沢山おられ、県の方でも対策室が出来ていますので、これを核として運動を拡げていくのは良いことだと思います

広域観光圏については目立った動きが出てきているようですね。

（末永）広域観光圏については、陸・海・空の立体的交通インフラが整っていますので、非常に大きな可能性があります。

函館は幕末から明治にかけての文化遺産が大きく、既に国際的観光都市としてのポジションを持っていますが、青森側は大自然、温泉、グルメ等それとは違う魅力を持っています。これを結びつければスケールの大きな長期滞在型の広域観光圏を形成していく可能性は大きいと思います。

最近は、函館・青森・弘前・八戸の広域連携が実現し、共通のマップやガイド、交通連携などが具体的に進展しているのは好ましいことだと思います。

先ほど話に出た縄文回廊なども共通の大きなテーマだと思います。

食文化や食のブランド化についてはいかがですか。また、他の産業分野で目立った動きはありますか。

（末永）観光の問題とからめて、両地域の食文化をもっとアピールし、食のブランド化を進

＊＊＊

めることが大きな課題です。
　農林・水産とその関連産業は両地域にとって基幹産業とも言えるものですが、そのコラボレーションについては、なかなか上手くいっていません。それぞれの動きがバラバラでそれをトータルで推進する仕組みがないのです。一番やりやすい食の分野でさえそれですから、他の産業の連携となるとこれからです。金融機関やタクシー、バスなどの交通面での連携から始まるのでしょうが民間企業の意欲の問題も大きいと思います。

青函の一体化を進めていくにあたって問題となっていることはありますか。これからの課題は何ですか。

（末永）これから「津軽海峡圏」を実体のあるものとしていくには、特に民間企業の意欲が重要だと感じています。専門家や行政が旗を振っても、それをビジネスとして形にしていくのはやはり民間企業の役割です。
　そのための交通インフラも整い、精神的基盤としての縄文文化の話題も高まると思われますので、それをビジネスとつなげる努力が求められます。

―どうもありがとうございました。

第３章　北海道・北東北縄文遺跡群

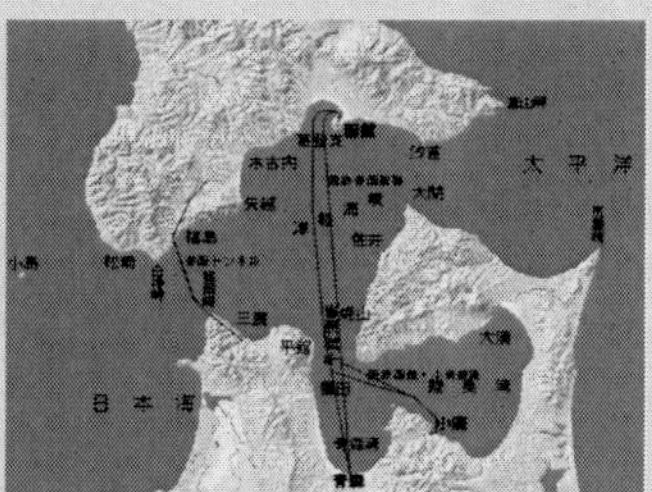

「縄文の世界は日本文化の源流ともいえます。この地域に多く残されている遺跡を通して当時を思い起こすのは意義深いと思います。」（土谷精作さん）

北海道と北東北に点在する縄文遺跡群を世界文化遺産にしようという動きがある。

この運動は二〇〇二年にはじまったもので、北海道と青森・秋田・岩手の四道県による知事サミットで「北の縄文文化回廊づくり構想」が提唱された。これを受けた形で文化庁は二〇〇九年、「北海道・北東北の縄文遺跡群」を世界遺産暫定リストに記載した。

もし、世界遺産への登録が実現すれば、本書で取り上げている「津軽海峡圏」に極めて大きなバックボーンができることになる。なぜなら、このことが一万年も続いた縄文時代にこの地域が共通の文化圏を形成してきたということの証となるからである。それだけではなく、この縄文文化が日本文化の源流でもあり、自然との共生、平等と平和な社会、土器や土偶に見られる高い技術力や芸術性、深い精神性等、今、

世界が求めている新しい価値観につながるものだからである。エコハ出版では二〇一八年九月に土谷精作著の『縄文の世界はおもしろい』を発行したが、本章では、その一部を紹介しながら、このテーマを取り上げることにしよう。

1　世界遺産への候補地リスト

文化庁が暫定リストとして作成した遺跡群は図表３―１の通りで、十六件ある。また、各遺跡が縄文時代のどの時期に当てはまるかを示したものが図表３―２である。

ここからもこの地域の縄文遺跡が縄文時代の各時期を代表するようになっていることが分かる。次ページで、それぞれについて簡単な紹介をしておこう。

図表 3−1　世界遺産登録への候補先

図表 3-2. 北海道・北東北の縄文遺跡 （時代区分）

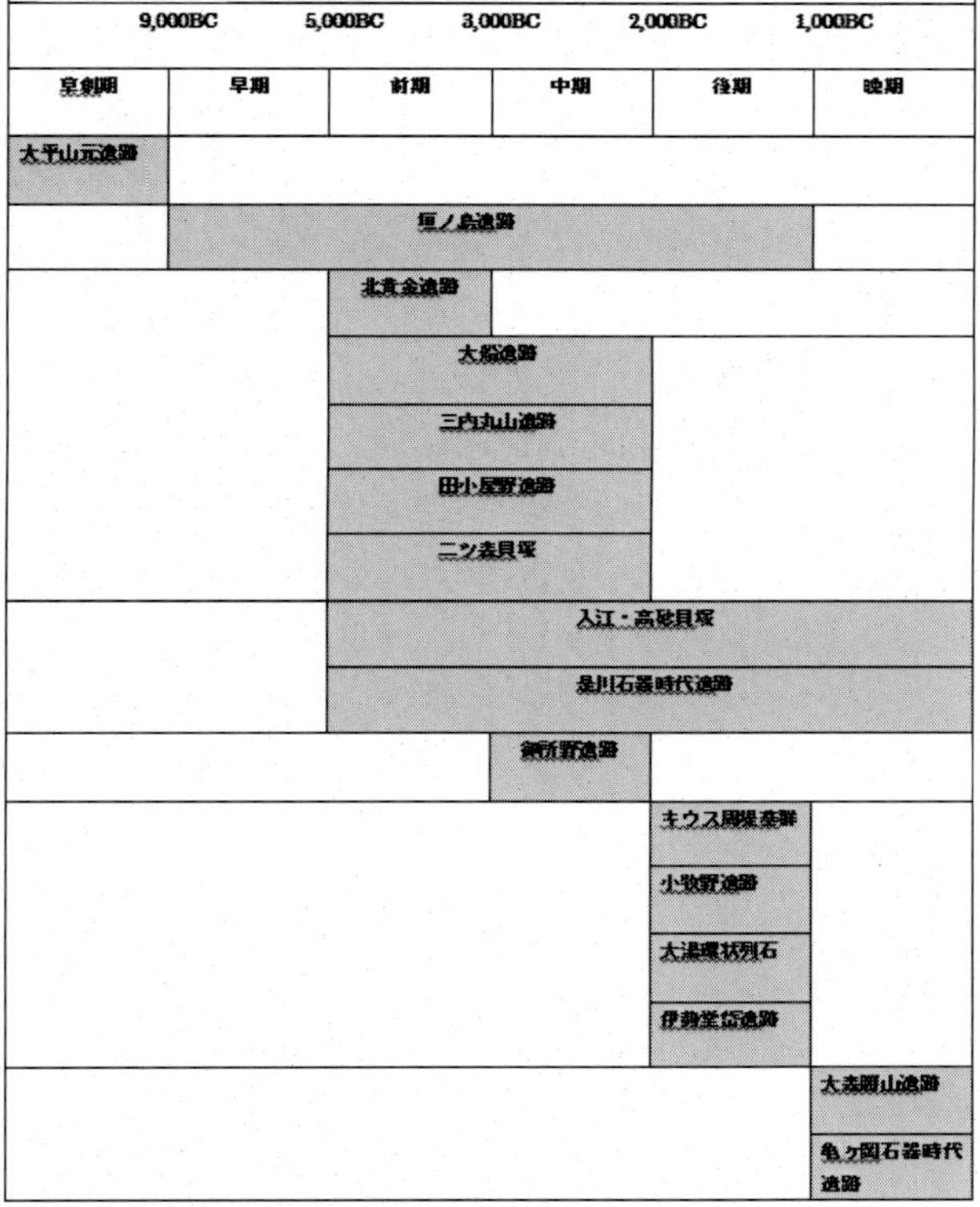

北海道 ①垣ノ島遺跡（函館市）②大船《おおふね》遺跡（函館市）③北黄金貝塚（伊達市）④入江・高砂貝塚（洞爺湖町）⑤キウス周堤墓《しゅうていぼ》群（千歳市）

青森県 ⑥三内丸山遺跡（青森市）⑦小牧野遺跡（青森市）
⑧是川石器時代遺跡（八戸市）⑨亀ヶ岡石器時代遺跡（つがる市）⑩田《た》小《ご》屋《や》野《の》貝塚（つがる市）　⑪大森勝山遺跡（弘前市）⑫二ツ森貝塚（七戸町）
⑬大平山元《おおだいやまもと》遺跡（外ヶ浜町）

岩手県 ⑭御所野《ごしょの》遺跡（一戸町）

秋田県 ⑮大湯環状列石（鹿角市）⑯伊勢堂岱《いせどうだい》遺跡（北秋田市）

（出所）北海道・北東北縄縄文遺跡群

2　各時期の縄文遺跡

（草創期）

氷河期が終わって温暖な気候になると、西南日本から太平洋沿いに落葉広葉樹林と照葉樹林が広がってゆき、人々は土器を使って木の実を食料源とするようになった。それとともに獣を追って絶えず移動する生活に代わって、土器などを何カ所かに置いて暮らす半定住の生活を始めたものと考えられている。

縄文時代草創期の遺跡としては一般的には泉福寺洞窟《せんぷくじどう》遺跡（長崎県）、上黒岩岩陰《うえくろいわいわいん》遺跡（愛媛県）、掃除山《そうじやま》遺跡（鹿児島県）など西南日本のものが多いが、当地域でも草創期の遺跡がある。

青森県の**大平山元《おおひらやまもと》遺跡**は定住生活に移行する時期の遺跡と考えられている。出土した土器片は文様がない無文土器であるが、付着していた炭化物の年代測定を行ったところ、一万六五〇〇年前のもので、世界最古のものであることが分かった。付近に竪穴のようなものは見つからないため、テントに類するような居住空間で暮らしていたのではないかと考えられている。

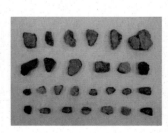

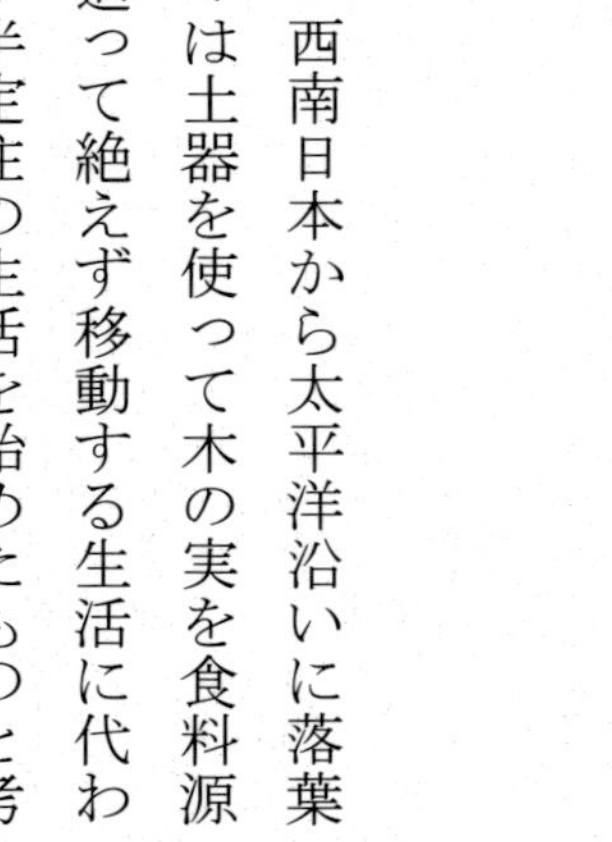
大平山元遺跡・土器片

（早期）

縄文時代の早期は一万一〇〇〇年前から始まり、七三〇〇年まで続く。早期には縄文文化が北海道にまで広まった。

北海道函館の太平洋側の噴火湾に流れる垣ノ島川の段丘に立地する**垣島《かきしま》遺跡**で、九〇〇〇年前（早期）から三五〇〇年前（後期）まで六〇〇〇年にわたって定住生活の場になった集落の遺跡である。

このうち、九〇〇〇年前のものとみられる早期の墓穴（土坑墓）から漆を塗った装飾品が発見されている。編んだ植物繊維に赤い漆を塗ったもので、中国の河姆渡遺跡《かぼといせき》で発掘された漆のお椀（六二〇〇年前）よりはるかに古い漆工芸品といわれている。

（前期・中期）

縄文時代の前期から中期にかけては縄文文化がもっとも栄えた時代であった。

このころ、東北地方の北部から北海道の南東部にかけては規模の大きな集落が形成されていた。

函館市・垣ノ島遺跡全景

この地域には**三内丸山遺跡**《さんないまるやま》をはじめ、函館市の**大船遺跡**《おおふね》、岩手県一戸町の**御所野遺跡**《ごしょの》、青森県つがる市の**田小屋野貝塚**《たこやの》等で大規模な集落跡が見つかっている。

このうち**三内丸山遺跡**は沖館川右岸の河岸段丘にあり、標高はおよそ二〇メートルである。現在は陸奥湾の海岸線から五キロほど離れているが、今より温暖だった五〇〇〇年前は海水面が高く、海岸はもっと近かったと思われる。

広大な遺跡のあちこちから竪穴式の住居跡が六〇〇棟以上も発掘され、そのうち一五棟が復元されている。また、床面の長さが一〇メートル以上もある大型の竪穴式住居跡も二〇棟以上見つかっている。下の写真は復元された床面の長さ三二メートルの大型建築で縄文時代中期のものと考えられている。内部は広いホールのような感じで、宗教儀式など村人たちが集まる場所として使われていたのだろうか。床面に炉の跡がいくつかあったから、あるいは冬の間、共同で作業をする場所であったかも知れない。

さらに、この建物の近くでは、高床式と推定される掘立て柱の建物跡もまとまって見つかっている。掘立て柱の内側やその周囲には炉の跡が見つかっていないため、食料などを備蓄する高床式の建物があったのではないかと推定される。

三内丸山遺跡の竪穴式大型住居

三内丸山遺跡のシンボルは、天に向かって聳え立つ長方形で六本柱の大型建造物である。建物の高さは一五メートルで、六本の柱には直径一メートルの栗の大木が使われており、三層の床が設けられている。

三内丸山遺跡からはこのような建築物の遺跡だけではなく、縄文時代の人々の生活様式を示す土器や縄文人の心を表す土偶などが発掘されており、縄文研究にとってはまさにメッカのような存在となっている。

北海道の噴火湾に面した**北黄金《きたこがね》遺跡**は紀元前五〇〇〇年から三五〇〇年続いた縄文時代前期・中期の集落遺跡で、貝塚から貝殻や魚の骨のほか海獣の骨が多く出土している。縄文人が海の民であったことがわかる。

青森県の太平洋側、小川原湖畔の台地にある**二ツ森《ふたつもり》貝塚**は三内丸山遺跡に匹敵する規模をもち、長期間にわたって定住生活が営まれたことを示している。鹿角を加工した見事な飾り櫛が出土していて、縄文人の優れた技と美意識をうかがわせる。櫛に小さな穴が二つ、三つ…とならんでおり、縄文人の数の意識を示しているように思える。

六本柱建造物

岩手県の北部に位置する**御所野遺跡**《ごしょの》は中央の広場に配石遺構を伴う墓地が造られ、それを囲んで竪穴や掘立柱の建物が並ぶという集落の構造が明らかになっている。盛り土の遺構からは土器などとともに焼かれた獣の骨や祭祀用の土製品が見つかっている。

（後期）

縄文時代後期（四五〇〇〜三二〇〇年前）になると、環状列石とよばれるストーンサークルが秋田県から青森県、そして北海道の道南・道央地方にかけて数多く出現する。

そのひとつとして、秋田県鹿角市《かづの》にある**大湯環状列石**《おおゆ》をみよう。

この遺跡は秋田県と青森県の県境に近い山間の丘陵台地にあり、十和田湖の南、十数キロの内陸部に位置している。大小、多数の川原石を環状に並べた大きな石の輪が東西に一三〇メートル離れて二つあり、輪の最大直径は大きいほう（万座遺跡）で五四メートル、小さいほう（野中堂遺跡）は四四メートルである。この大湯環状列石は日本で最大のストーンサークルである。

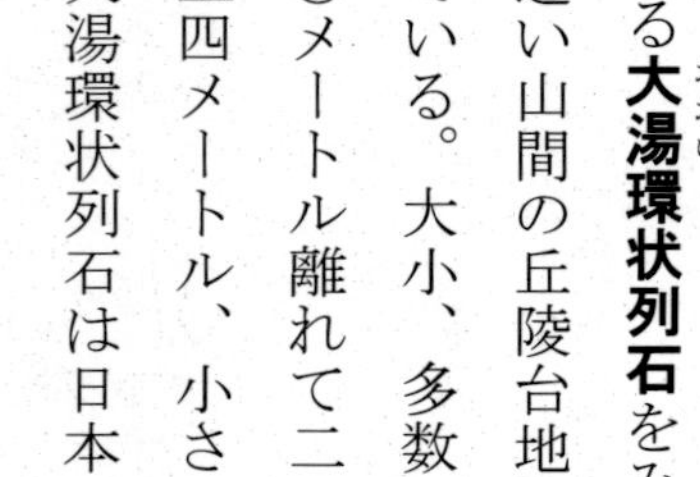

大湯環状列石・「日時計」

このほか青森県の弘前市と平川市、岩手県の八幡平市、さらには北海道でも噴火湾に面した森町の**鷲ノ木遺跡**《わしのき》などで多くのストーンサークルが発見されている。このように東北地方から北海道にかけて発見された多くの縄文遺跡はこの地域に共通の文化があったことを示している。

(晩期)

縄文時代の晩期(三二〇〇~二九〇〇年前)を代表する北日本の遺跡としては青森県の亀ヶ岡《かめがおか》遺跡が有名である。

亀ヶ岡遺跡は津軽平野の西部を流れる岩木川左岸の丘陵とその両側の低湿地にまたがっていて、造形的に優れた土器や土偶、植物製品、装飾に用いたとみられる玉類などが大量に出土している。このうち精巧な文様を施した土器や赤い漆を塗った土器は縄文土器の造形美を代表するといわれている。

また、遮光器土偶とよばれる不思議な顔をした大型の土偶が出土している。これについては後ほど紹介する。

亀ヶ岡遺跡出土の土器

3　精神性や芸術性をあらわす土偶・土器

（縄文の女神）

右下の土偶は山形県**西ノ前遺跡**《にしのまえ》で出土した縄文時代中期のもので、「縄文の女神」とよばれている。高さは四五センチ、日本で最も大きな土偶である。目や鼻は表現されていないが、腹部の膨らみや突き出た臀部、すらりとして安定感のある脚の表現は見事で、五千年前の作品とは思えない。縄文人の美意識が高い水準にあったことを示しており、まさに国宝に値するように思われる。

（合掌土偶）

下の土偶は青森県八戸市の**風張遺跡**《かざばり》で出土した縄文時代後期の土偶で、高さは二〇センチ、胸には乳房が小さく表現されていて女性像とわかる。両膝を立てて座り、正面で合掌している姿から「合掌土偶」とよばれていて、同じく国宝に指定されている。ドーナツ状に表現された唇は何かつぶやくように突き出す形に表現されており、祈りのしぐさを示しているように思われる。神意を伝える巫女の姿であろうか。

縄文の女神

合掌土偶

（中空土偶）

下の土偶は函館市の**著保内野遺跡**《ちょぼないの》で発見された縄文時代後期のもので、中は空洞であり、全身極めて薄手に作られている。高さは四一センチ、全身に隙間なく繊細な文様が施され、少し斜め上を向いた顔の表情はあどけない。この土偶が見つかった一帯は縄文時代後期の集団墓地で、丁寧に埋納されていた。発掘現場の地名（旧南茅部町川汲《かっくみ》）から「カックウ」の愛称がつけられている。

（遮光器土偶）

下の土偶は青森県の**亀ヶ岡遺跡**で出土した縄文時代晩期の遮光器土偶で、重要文化財に指定されている。イヌイットの人々が用いる遮光器を思わせるような大きな目と頭に着けた王冠のような飾りが特徴で、東北地方北部の晩期縄文文化を象徴している。胴体の文様は雲形文などが描かれ当時の服装を表現しているように思われる。

大きく見張った特異な目は何を意味しているのだろうか。根拠はないが、この目は見守っている祖先の精霊を具象化したと考えるのはどうであろうか。

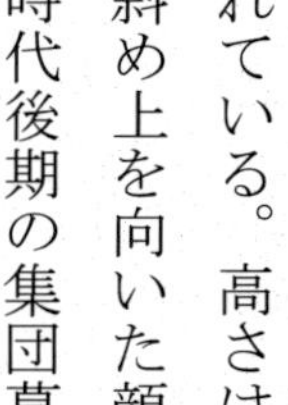

函館・中空土偶

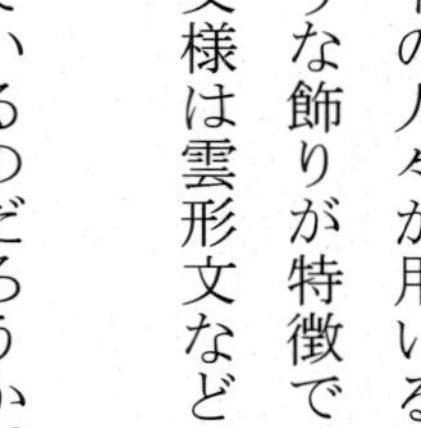

遮光器土偶

（笑う岩偶）

縄文土偶にはこのほか「ミミズク土偶」や「ハート形土偶」など奇抜な造形がみられるが、北秋田市の**白坂遺跡**で出土した岩偶（岩の彫刻像）の頭部は笑ったような表情に見えるもので、縄文人の美的感覚の一端を示しているようである。

笑う岩偶
（伊勢堂岱縄文館所蔵）

全国で二万点以上発見された土偶のほとんどは身体の一部が壊された状態で見つかっている。故意に壊したものと推定され、何らかの儀式が行われたのではないかという。なかには破損した部分をアスファルトでつないだものもあるということで、修理して繰り返し使用したのではないかといわれている。

土偶の女性像が妊娠、出産という新しい生命の誕生を祈るために作られたとするならば、その土偶を壊して何を祈ったのか。土偶が表している女性が亡くなったとき、その死者を送る儀式に使われたのではなかろうか。

4　日本文化の源流としての縄文文化

以上のように、津軽海峡を挟んだ両地域には、共通の文化的基盤を持った縄文遺跡群が集中しているが、これは単に地域的共通性を表すだけでなく、日本文化の源流ともいえる内容をもっている。それを見直すことは、これからの日本を考える上でも、さらに、世界に情報発信するにあたっても大きな意味をもっている。

(1) 戦争のない平等な社会

人々が定住生活をはじめるにあたって、お互いの協力が必要となり、いくつかの家族が集落（ムラ）を形成することになった。

青森の三内丸山遺跡では竪穴式住居跡、大型の集会所、シンボルとしての六本柱跡が見つかっており、大きな集落が形成されていたと考えられている。人々は協力して狩猟や採取を行い、大型の建築作業もしていた。当然、そこにはそれを指揮するリーダーのような人もいただろうし、お墓の中にはほかのものとは別格の装飾をしたものも見つかっているが、そこには現在でいう「階級」といえるようなものはなかったと思われる。

また、集落間での争いごとはあったかもしれないが、組織的な戦争はなかったと思われる。集落を守る塹壕や人の殺戮用の武器などが出現するのは弥生時代になってからである。人類の歴史が争いからはじまったというのは西洋文明のことであり、自然環境に恵まれていた日本ではそもそもその必要がなかったのである。

民族間の紛争や痛ましい戦争に明け暮れている現在からみれば夢のような話かもしれないが、戦争のない社会が一万年も続いたことは再認識しておく必要があろう。

(2) 自然との共生による豊かな生活

縄文人の生活は森や海の自然の恵みを受けて、我々が考えるよりはるかに豊かなものであった。

主食はクリ、カシ、ナラ、クヌギ、シイ等の顕果植物が中心であったが、ワラビ、ゼンマイ、ナズナ等の山菜も食されていたものと思われる。

動物性タンパク質としてはシカ、イノシシ、カモシカ、ウサギ、タヌキ等の森の小動物を捕まえて食べていたものと思われる。

海の幸として、サケ、マス、イワシ、タイ等の魚類、さらにマグロやイルカ、シヤチ等の海獣もとらえていたようである。

いずれも、森や海の自然をよく観察し、季節ごとに必要な量だけを確保していたと考えられている。まさに、自然との共生による生活であり、縄文人は**「森と海の生態学者」**だったといえる。この生活の仕方を考古学の小林達雄氏は**「縄文人の生活カレンダー」**として図示している。(図表3—3)

これは縄文人が四季折々の自然の恵みを享受し、自然と共生する循環型社会をつくっていたことを表している。

(3) 土器の多様性と独自性

定住生活に必要な土器には先のとがった深鉢、底の平らな平鉢、大きなツボ、小さな浅鉢など、多様な形があり、その文様も縄目模様だけではなく非常に複雑で、現代人の目から見ても芸術性の高い蛇型のデザインや炎の土器もある。

この縄文土器のすばらしさについては、世界的な文化人類学者であるレヴィ・ストロースが次のように述べている。

「縄文文化は土器の製作に優れ、この点では比類のない独創性をわれわれに示してくれます。人間の作った様々な文化のどれを見ても、この独創性に並ぶものがありません。

図表3－3.生活カレンダー

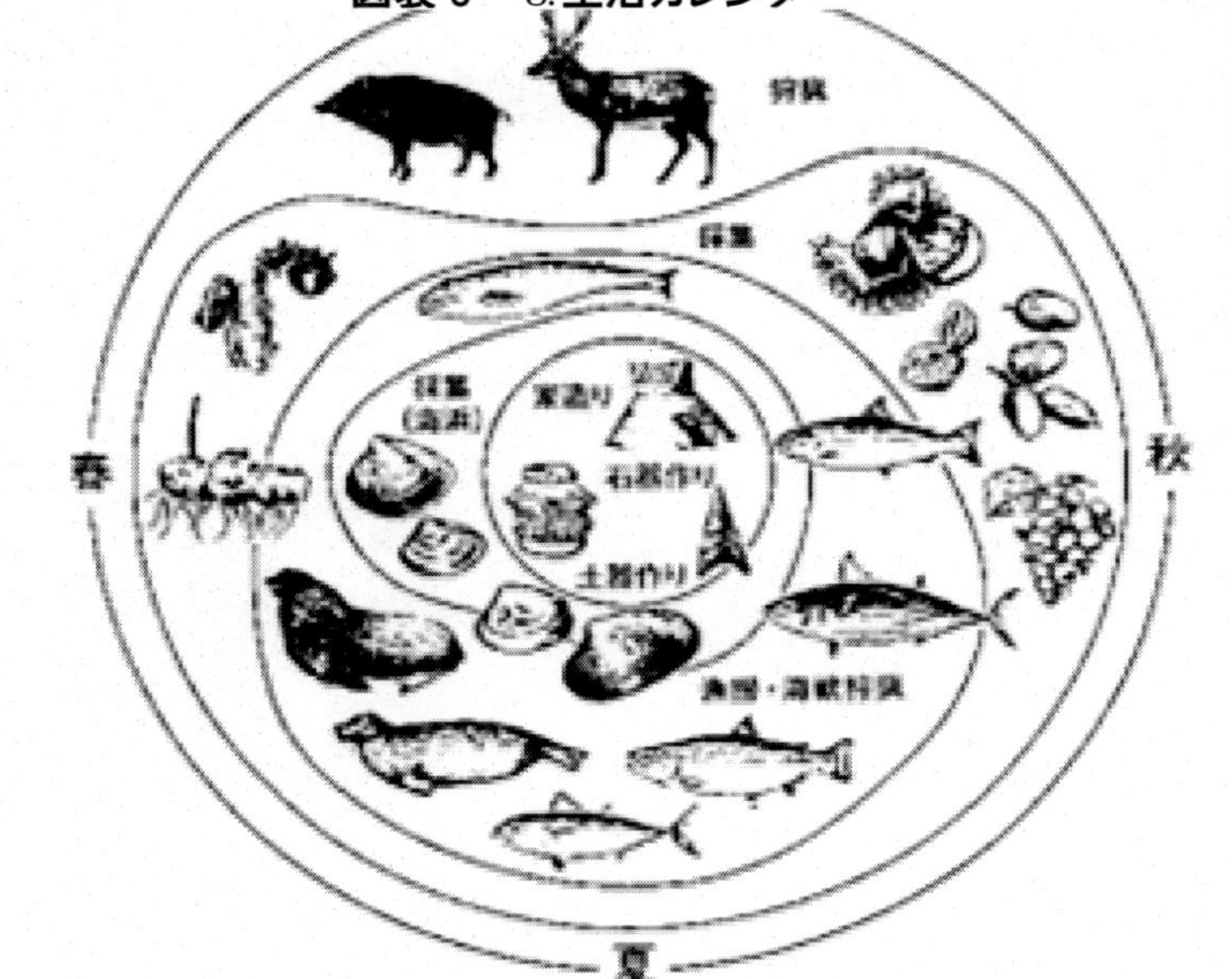

（出所）小林達雄著『世界遺産縄文遺跡』として

縄文土器に類する土器はまったくないのです。古さにおいてもそうで、これほど昔に遡る土器の技術は知られておりません。またそれが一万年もの長いあいだ続いたことでもほかに並ぶ例がありません。」

北海道の**垣ノ島遺跡**から発掘された漆の塗られた洗練された注口土器は何に用いられたのであろうか。ある種の草を煎じたお茶のようなものを注いだのか、はたまた魚介類をゆでたスープのようなものを注いだのか、想像するしかないが、漆が日本の伝統文化であることを示している。

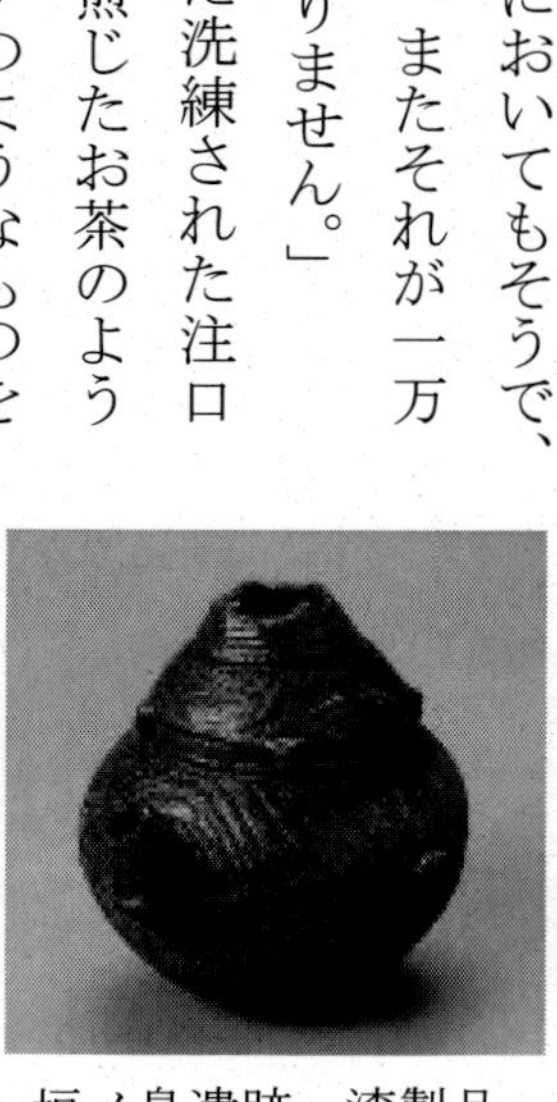
垣ノ島遺跡・漆製品

(4) 土偶に秘められた縄文人の心

前述したように、この地域からは多くのすぐれた土偶が出土しているが、縄文人は死生観、祖霊への観念、自然への畏敬、など精神的に深いものを持っていた。全国の遺跡から出土した多くの土偶はそうした縄文人の心を表しているもので世界的にも評価できる芸術性を持っている。

(5) 他地域との交流

三内丸山遺跡では下の写真のような見事なヒスイの大珠が出土している。このヒスイの原産地は遠く離れた新潟県糸魚川市で、縄文時代の中期に現在の青森県と新潟県の間で縄文人の交流があったことを物語っている。ヒスイを産出するのは糸魚川市を流れる姫川の支流、小滝川の上流で、糸魚川市の海岸に近い**長者ヶ原遺跡**《ちょうじゃがはら》ではヒスイの原石を加工した工房の跡が発掘されている。

三内丸山遺跡で発掘されたヒスイの大珠はどこかで加工されて運ばれたことも考えられるが、三内丸山に運ばれてきた原石を三内丸山の縄文人が加工した可能性もある。ヒスイの原石の破片や半加工状態の珠が見つかっているからである。

硬いヒスイの原石を加工するのは大変な作業であった。原石をハンマーのような硬い石でたたいて形を整え、表面を磨いたうえで孔をあける作業。特に孔をあけるのは大変であったと思われるが、この分野の研究者によると、孔をあける場所に石英の粉が入った砂をまき、篠竹の管を回しながらこすり続けると、摩擦によって少しずつ孔が開くそうである。とてつもなく根気のいる作業であったろうが、それだけに貴重なものと認識されていたのだろう。

姫川原産のヒスイが出土した縄文遺跡は、礼文島を北限に北海道から九州・沖縄まで全国に広がっている。糸魚川に近い長野県・八ヶ岳周辺の縄文遺跡からは、かなり多数のヒスイが見つかっており、墓に葬られた人物の副葬品として発見されることが多いという。族長の権威を示す胸飾りとして用

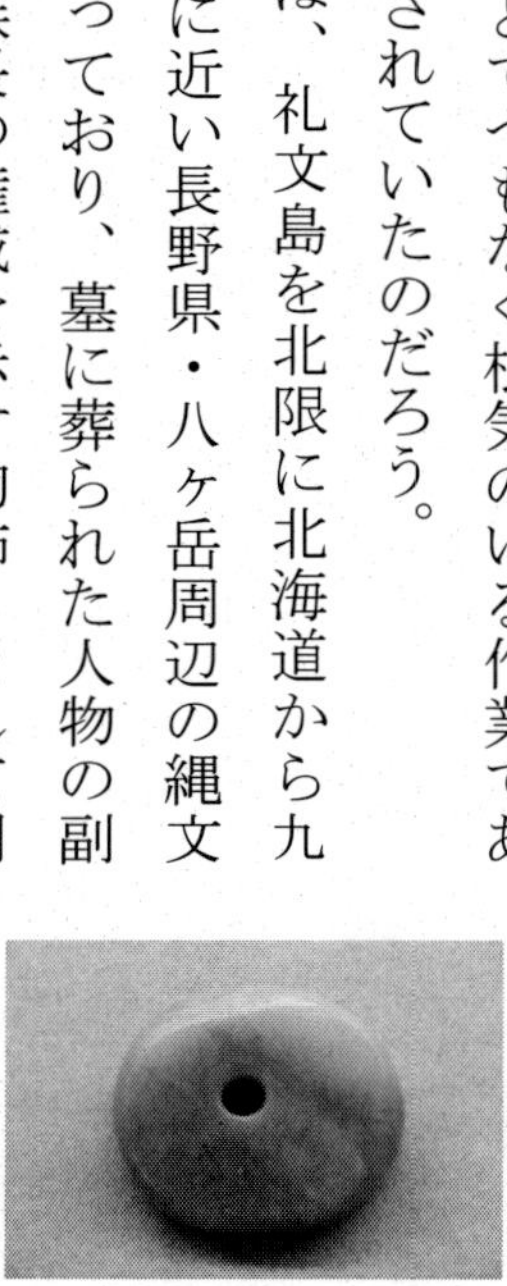

ヒスイの大珠（三内丸山遺跡）

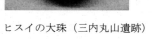

いられたものであろうか。

全国規模で流通していたのはヒスイだけではない。弓矢の矢尻などに使う黒曜石の流通はさらに活発であった。

黒曜石は火山のマグマが急速に冷やされた時に生成されるガラス質の岩石で、火山が多い日本列島には各地に黒曜石の産地がある。

代表的な産地は長野県の和田峠周辺で、下諏訪町などで大規模な採掘抗の跡が発見されている。

北海道の白滝、伊豆七島の神津島、伊豆・箱根、島根県の隠岐島、大分県の姫島なども主要な黒曜石の産地で、例えば伊豆半島南端の**見高段間遺跡**《みたかだんま》（早期～中期）では重さ二〇キロもある神津島産の原石が見つかっている。黒潮を越えて黒曜石を運んだ人々がいたことになる。

日本列島の縄文社会は小さな地域社会だけの閉鎖的なものではなく、どこに黒曜石の産地があり、どこに行けばヒスイが得られるといった情報が流通していたのであろう。縄文社会は想像以上に情報のネットワークが広がっていたと考えたい。

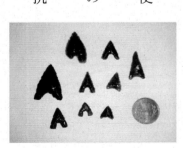

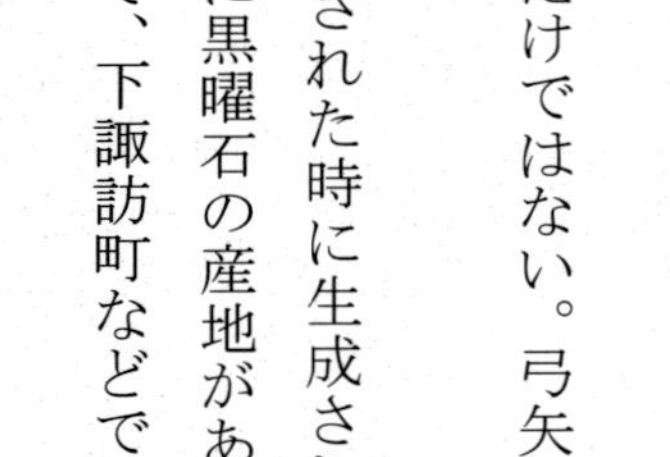
黒曜石の矢じり

＊＊

津軽海峡と縄文の世界　（インタビュー）

土谷精作さん（聞き手;鈴木克也）

この度、『縄文の世界はおもしろい』という本を刊行されましたが、縄文の世界を見直す現代的意義はどのようなところにありますか。

（土谷）私は元ジャーナリストですが、政治経済の問題でも、社会的な問題にしても比較的長いスパンで時代の流れをとらえるようにしてきました。文化的な問題にしても同じように長い目で物事を考えなければならないと思っています。

人類が生まれたのは５００～６００万年前。縄文時代が始まったのは１万５０００年前、西アジアで農耕が始まったのは１万１０００年前です。そして現代社会の基礎になる産業革命が起こったのはほんの２００年前。この２００年の間に人口が爆発し、戦争を繰り返

＊＊

＊＊＊

し、環境を破壊してきました。

21世紀に入った今、人類の世界は情報技術を中核として急激に変化し、科学技術文明の負の側面、言い換えればマイナスの効果が急速に拡大しているように感じられます。

エネルギーの大量消費と地球温暖化や環境汚染、情報化の進展にともなう貧富の格差の拡大、先進国の少子高齢化と途上国の人口爆発、さまざまな形の戦争の発生と難民問題。

こうした問題の背景には、競争をベースにした弱肉強食の思想や他の宗教や思想を受け入れない排他主義があると思います。これを解決する道はそう簡単に見つかるものではありません。現代文明の先行きについて、行き詰まり感が拡がっているのではないでしょうか。

こうした現代社会の諸問題を考えるとき、自然との共生を基本とした縄文社会、縄文人の生き方に注目してみたいと思いました。戦争もなく1万年も続いた縄文社会。それはどうしてなのか、その問いかけを探りながらこの本を書いてみました。

地球環境の問題が出ましたが、縄文時代はいつ、どのようにして始まったのでしょうか。

（土谷）今から1万8000年前、氷河期が終わり、地球の温暖化が始まりました。

それまではユーラシア大陸の北の方やカナダの大部分は氷に覆われ、海水面が今より150ｍも低かったので、東シナ海や対馬海峡は陸地になっていて日本列島は大陸と繋がっていました。津軽海峡もごく幅が狭く、冬の

＊＊＊

間は氷の上を歩いて渡ることができたでしょう。

日本列島の各地でナウマン象の牙や歯が見つかっていますが、陸続きだったから大陸に生息していたナウマン象も日本列島に渡ってくることができたのでしょう。

氷河時代の日本列島では旧石器時代人がナウマン象など大型獣の狩りをして暮らしていました。移動する大型獣のあとを追いかける遊動生活でした。

氷河時代が終わって地球の温暖化が始まると、日本列島では落葉広葉樹林が拡がりました。落葉広葉樹林では木の実が豊かに実り、それを餌にするシカやイノシシ、ウサギなどの獣が増えていきます。落ち葉が栄養源になってサケなどの魚や貝類も増えました。

このころ、日本列島に暮らしていた人々は森で採った木の実や浜辺で掘った貝などを食料にして定住生活を始めるようになります。保存のきく木の実をたくさん集めることによって安定した食生活ができるようになり、日本列島の人口は増えていきました。

木の実を生のままで食べることはできませんが、木の実を主食にすることを可能にしたのは土器の発明です。青森県の大平山元《おおだいやまもと》遺跡から１万６５００年前のものと推定される土器が見つかっていますが、この土器は木の実などの煮炊きに使われたものでしょう。世界最古の土器といわれています。

このころはまだ半定住の生活であったかもしれませんが、やがて１万５０００年前、縄文時代が始まり、竪穴式住居で暮らす定住生活が定着しました。鹿児島県の上野原《うえのはら》遺跡では1万年前の火山灰の下から竪穴式住居の集落が見つかっています。

津軽海峡を挟んだ北海道道南と北東北には縄文の遺跡が集中していますね。

（土谷）縄文時代の初期、草創期の縄文遺跡は九州や四国に多いのですが、縄文文化は日本列島全体に急速に拡がりました。函館市の垣《かき》ノ島《しま》遺跡は1万1000年前に始まった縄文時代早期の遺跡で、6000年も続きました。

縄文時代の時代区分でいうと、7300年前からの前期と5500年前から4500年前にかけての縄文時代中期は地球の温暖化が進んで海面が今よりずっと高くなっていました。いわゆる縄文海進の時代です。

北海道・北東北で発見されたこのころの主な縄文遺跡を列挙しておきましょう。垣ノ島遺跡のほか北黄金《きたこがね》遺跡（伊達市）、大船《おおふね》遺跡（函館市）、三内丸山《さんないまるやま》遺跡（青森市）、田小屋野《たごやの》貝塚（つがる市）、二ツ森《ふたつもり》貝塚（八戸市）、そして入江《いりえ》・高砂《たかさご》貝塚（洞爺湖町）、是川《これかわ》石器時代遺跡（八戸市）、御所野《ごしょの》遺跡（一戸町）をあげることができます。これらの縄文遺跡の多くは3000年以上にわたって人々が暮らしていました。

これに続く縄文時代後期の遺跡としてキウス周堤墓《しゅうていぼ》群（千歳市）、小牧野《こまきの》遺跡（青森市）、大湯《おおゆ》環状列石（鹿角市）、伊勢堂岱《いせどうたい》遺跡（北秋田市）があります。気候が寒くなり始めた4500年前から3200年前にかけての遺跡です。このあと縄文時代晩期の遺跡として大森勝山《おおもりかつやま》遺跡（弘前市）と亀ヶ岡《かめがおか》石器時代遺跡（つがる市）をあげることができます。

名前をあげた遺跡は「北海道・北東北の縄文遺跡群」として、文化庁の世界遺産暫定リストに記載されています。縄文海進の時代は西日本よりも東日本のほうが暮らしやすかったようで、このころの縄文遺跡は東日本で多く発見されています。なかでも北海道・北東北の一帯は縄文文化の中心地であったと考えてよいでしょう。

三内丸山遺跡の集落の規模、生活道具や信仰に関係する土偶など、出土品の量と多様さなどからみて、縄文文化の最盛期がここに示されていると思います。また津軽海峡を挟んだ地域一帯に円筒型土器という同じ形式の土器が見つかるなど、この地域に共通の文化圏があったことも注目すべきではないかと思います。

共通の文化圏があったというお話ですが、両地域の交流はどのようなものだったと考えられますか。

（土谷） 津軽海峡を前にしたとき、多くの人は「この海を小舟で渡るのはとても無理」と考えることでしょう。小舟で海に乗り出した経験がないからです。ところが縄文人は盛んに丸木舟で海に出ていました。

三内丸山遺跡ではマグロ、ブリ、サメなど外洋性の魚の骨がたくさん出土しています。またイルカやアザラシなどの海獣の骨も出土しています。ほかの遺跡でも同様に大型回遊

****

魚の骨が出土しています。縄文人が津軽海峡で漁労作業をしていた証拠といえるでしょう。

この地域の縄文遺跡の所在地をよくみると、北海道では渡島《おしま》半島の噴火湾沿いの地域に、また青森県の陸奥湾沿いの地域に集中しています。この地域の縄文人は豊かな海の恵みを生活の糧にしていたことがわかります。

それは丸木舟を利用した漁でした。この丸木舟は日本列島各地で発見されています。三内丸山遺跡では残念ながら見つかっていませんが、福井県・三方湖畔の鳥浜《とりはま》遺跡では杉の大木を二つに割って内側をくり抜いて造った長さ6メートル、幅60センチの丸木舟が二つも見つかっています。鳥浜の縄文人はこれで若狭湾に漕ぎ出し、イルカ漁などをしていました。

このように縄文人は海で盛んに活動する「海の民」でした。したがって津軽海峡を挟んだ二つの地域では丸木舟による交流が盛んに行われていたと考えられます。

北海道で産出する黒曜石の石器が東北地方各地の遺跡から見つかるのもその証拠といえるでしょう。また秋田県で採取された天然のアスファルトが北海道に運ばれ、割れた土器などを接着する材料として使われていた証拠もあります。津軽海峡をまたいだ交流が盛んに行われていたことは確かです。

それだけではありません。新潟県の糸魚川流域で産出するヒスイの珠が三内丸山遺跡で見つかっています。糸魚川産のヒスイは、北は北海道の礼文島から南は九州・沖縄の縄文遺跡まで全国各地で発見されています。おそ

****

＊＊＊

らく丸木舟によって日本列島の北から南までヒスイが運ばれていたと思われます。

これは日本列島全体に縄文人のネットワークがあったことを示しています。この海上交通を担っていた専門家集団がいたのではないかという見方もありますが、結論がでているわけではありません。

今後、北海道・北東北の縄文文化を記念するイベントを開催するようなことがあれば、丸木舟を造って津軽海峡を渡る企画を立ててみたらどうでしょうか。

まず若い学生を動員する。学生たちが大木を伐り出して二つに割り、内部をくり抜いて丸木舟を手作りで造る。この丸木舟を漕いで津軽海峡を渡り、関係者の交流の場に漕ぎつける。

さらには日本海側の小さな入江を伝いながら漕ぎ続け、新潟の糸魚川まで航行する。こういった実験の過程を映像に記録し、「海の民」としての縄文の世界を描く映画を作れば大きな話題になるのではないかと思います。

生活文化の面から見ると、縄文時代の交流は想像以上に活発だったようですね。祖先の祭祀など縄文人の精神世界については、どのように考えたらよいでしょうか。

(土谷) 難しい質問ですが、たいへん興味深い問題でもありますね。

縄文時代の後期になると、環状列石とよばれるストーンサークルが秋田県から青森県、そして北海道の道南・道央地方にかけて数多く出現します。このうち秋田県の大湯環状列

＊＊＊

石は国の特別史跡に指定されていますので、簡単に説明しておきましょう。

この遺跡は秋田と青森の県境に近い山のなかにあり、大小、多数の川原石を環状に並べた大きな石の輪が二つあります。輪は二重の同心円状になっていて、その直径は50メートル前後、外輪と内輪の中間に日時計とよばれる石組みがあります。

この石組みは1本の立石を中心にして細長い石を放射線状に並べたもので、一見、日時計のように見えますが、日時計として使われたのかどうか、それは分かりません。

同じ秋田県の伊勢堂岱遺跡にもこのような環状列石が四つあり、ここにも日時計のような石組みがあります。環状列石は噴火湾に面した北海道森町の鷲ノ木遺跡などでも発見されていて、北海道から東北地方にかけての一帯にストーンサークルを造る共通の文化があったことを示しています。

さらに函館の垣ノ島遺跡では大規模な盛り土遺構が見つかっています。これは海岸に近い台地の上に、小高い丘をコの字型に取り囲むように築かれたもので、盛り土の一辺の長さは190メートルもあります。

こうしたストーンサークルや盛り土遺構は墓場として、また祖先を崇拝する祭祀の場として構築されたと考えられています。おそらく長い時間をかけてつくられたものでしょう。

興味深いことはストーンサークルの遺構かららきれいな形をした秀麗な山が遠望できることです。大湯環状列石からはきれいな山容の黒又山が遠望できます。また、弘前市の大森

＊＊

勝山遺跡のストーンサークルからは津軽富士とよばれる岩木山が遠望できます。

縄文人は秀麗な山の頂に、祖霊が鎮まっていると考え、その山を遠望できる場所に祭祀の場を築いたのではないかと思われます。大和の三輪山など、秀麗な山そのものを神体として崇拝する信仰が今に伝わっていますが、縄文人の精神世界とつながるものを感じます。

さらに興味深いことはこのような祭祀の場が太陽の運行と関係しているということです。大湯遺跡では環状列石の中心と日時計を結ぶ線上に夏至の日の太陽が沈みます。夏至の日の三内丸山遺跡では、六本柱建造物の長軸の延長線上から太陽が昇り、冬至の日にはこの反対の線上に陽が沈むことが確かめられています。

縄文人は冬至と夏至、春分と秋分、いわゆる二至二分を知っていて、きれいな山を遠望できる場所にストーンサークルなどの祭祀の場を構築したのではないでしょうか。

地球のかなた、イギリスのストーンヘンジでも直立の巨石と祭壇の中心を結ぶ線上から夏至の太陽が昇ることが確かめられています。およそ４５００年前、ユーラシア大陸の東西で、同じような精神世界がストーンサークルの形で示されていたことはたいへん興味深いことだと思います。

ストーンヘンジは世界遺産に登録されていますが、「北海道・北東北の縄文遺跡群」を世界遺産にという運動が行われています。縄文遺跡群は世界遺産に値するとお考えですか。

＊＊

＊＊＊＊＊＊＊＊＊＊＊＊＊＊＊＊＊＊＊＊＊＊＊＊＊＊＊＊＊＊＊＊＊＊＊＊＊＊＊

（土谷） 世界遺産への登録申請についぃて、文化庁は沖縄の自然遺産を優先しましたが、北海道・北東北の縄文遺跡群は次の候補になると思います。また充分に世界遺産に値すると思っています。

なぜそう考えるのか。私の意見を申し上げてみたいと思います。

まず、1万年以上前の縄文時代早期には土器を伴った集落が生まれていたこと。これは縄文人が定住生活を始めたことを示していきます。狩猟採集の生活を続けていた人類の歴史の上で重要な段階に入ったことを物語っています。

次に、縄文時代の集落は森と海の資源を上手に利用する場所に設けられていて、自然との共生を基盤とする伝統的な居住形態が一万年も続きました。人類の生活様式として歴史的価値があると思います。

木造の住居、丸木舟、巨大な木の建造物など縄文文化は「木の文化」であり、その文化的伝統は今日に受け継がれています。さらにストーンサークルや秀麗な山を仰ぎ見る遺構の数々は「自然や祖霊への畏敬」を中心とした縄文人の精神世界を示すもので、現在の日本人につながる文化的伝統を示しています。

こうした縄文文化の特質は、ユネスコの審査基準に照らして世界遺産に充分に値すると、私は考えています。

一言でいえば、縄文文化は日本文化の源流であるといえるでしょう。これはフランスの文化人類学者で、世界の思想界に大きな影響を与えたレヴィ＝ストロース（故人）も指

＊＊＊＊＊＊＊＊＊＊＊＊＊＊＊＊＊＊＊＊＊＊＊＊＊＊＊＊＊＊＊＊＊＊＊＊＊＊＊

摘しています。

３０年前に来日したレヴィー＝ストロースは「混合と独創の文化―世界の中の日本」という演題で講演をしました。このなかで神話学に詳しいレヴィー＝ストロースは「日本人が神話の世界を身近に感じている」といい、日本文化の連続性を指摘しています。

また「一万年も続いた縄文土器の独創性は世界に比類がない」といい、竹細工の技法などを例にとって「現代の日本には縄文文化の精神が形を変えて残っている」と述べています。

日本文化の源流が縄文の世界にあると言っているわけで、さすがに慧眼であるといえるでしょう。日本文化の連続性と独創性がなぜ生まれたのか。これについてレヴィー＝ストロースは旧大陸の東端にある日本列島の地理的条件を指摘し、文化の混合と孤立による文化の独創が繰り返され、日本文化の独自性が生まれたと説いています。

レヴィー＝ストロースの議論をあらためて振り返り、縄文文化は世界遺産に値すると私は確信しています。


新幹線の開通や世界遺産の登録運動をきっかけにして両地域の連携を深め、地域の活性化を図ろうという運動が始まっていますが、これについてコメントをお願いします。


（土谷） 世界遺産の登録が実現すれば、縄文時代からこの地域に共通の文化圏があったことを意識させる象徴的な出来事になります。

これをきっかけに津軽海峡を挟んだ二つの

＊＊

地域が観光やさまざまな経済活動を通じて協力し、現代の「津軽海峡圏」創生に向けて進むことを期待しています。

その中核は観光事業でしょう。縄文ブームの今、縄文ファンが多いようですから、東北から北海道の縄文遺跡を巡るツアー企画はすぐに誕生するでしょう。先ほど提案した丸木舟実験も実現したら面白いと思います。

しかし、遺跡をただ周るだけでは大したインパクトはないでしょう。何か踏み込んだ企画が要るでしょう。たとえば、夏休みに廃校になった山奥の校舎に中学生や高校生が泊まりこんで縄文時代の生活を体験する企画。もちろんインストラクターの養成から始めなければなりませんが、若者たちが自然と共生する生活を体験し、その生活体験を通じて、便利な現代文明にどっぷり浸かりこんでいる若者たちに人類の生き方を考えなおす機会が生まれたらよいと思います。それをきっかけにUターン、Iターンを考える若者が出てきたら幸いです。

世界遺産に登録された世界の先史文化の遺跡は50件ほどあります。北京原人の遺跡、旧石器時代人のアルタミラ洞窟壁画などいろいろな遺跡がありますが、先史時代の人々の集落も世界遺産になっています。

アルプス地方の湖上に杭を立て、その上に住居を作った集落が世界遺産になっており、この世界遺産はスイスなど6か国にまたがっています。またアラビア半島の乾燥地帯にある日干し煉瓦の先史時代住居も世界遺産に登録されています。

＊＊

＊＊＊＊＊＊＊＊＊＊＊＊＊＊＊＊＊＊＊＊＊＊＊＊＊＊＊＊＊＊＊＊＊＊＊＊＊＊＊

水利の良い台地に竪穴式住居を作って暮らした縄文人と較べますと、世界には多様な住居や暮らし方があり、その背景に気象条件など環境の違いがあることがわかります。人類の文化は昔から多様であること。現代社会のあり方を考えるうえで大切なことでしょう。

逆に何千年も前、ユーラシア大陸の東西にある離れ島の日本とイギリスで、太陽の運行と関係する祭祀施設が造られていたという事実は人類文化の共通性を意識させます。

またアイルランドの世界遺産であるブルー・ナ・ボーニャの祭祀遺跡では、大きな盛り土のなかに設けられた羨道（墓室に入る横道）に冬至の太陽の光が差し込むといわれます。これも縄文人の精神世界と共通するものがあるように感じます。国境を越えて世界の人々がこんなことを感じてもらいたい。それを意識させる工夫が必要だと思います。

北海道・北東北の縄文遺跡群が世界遺産に登録されたあとのことですが、先史時代の世界遺産がある国の関係者を日本に招いて先史時代の世界遺産サミットを開催したらどうでしょうか。

サミットの会場は津軽海峡を挟んだ函館や青森などの都市。サミットの目的は「人類文化の多様性と共通性の認識を全世界が共有すること」にしたいと思います。そして「先史文化と自然環境」「食料資源の循環的利用」「先史時代人の生命観」など、さまざまなテーマでシンポジウムを開催してみたいですね。

そのなかで日本の縄文文化の特質を分かりやすく説明し、世界各国の方々に理解してい

＊＊＊＊＊＊＊＊＊＊＊＊＊＊＊＊＊＊＊＊＊＊＊＊＊＊＊＊＊＊＊＊＊＊＊＊＊＊＊

ただくことが大切だと思います。それは「戦争は人の心の中でうまれる。それ故に人の心の中に平和の砦を築かなければならない」というユネスコ憲章の精神にあっていると私は考えます。

このサミットを通じて先史文化の世界遺産がある都市の間に交流が生まれれば、姉妹都市になることも考えられます。お互いに観光や留学生の交換など、さまざまな分野でメリットがあるように思います。

先のことと思わずに、今から検討してみたらどうでしょうか。

どうも有難うございました。

第4章　松前藩時代の津軽海峡

復元された天守閣

上村栄次

1　松前藩時代の歴史

前史

津軽海峡に面した松前に人々が住み始めたのは、七〜八〇〇〇年前頃と考えられている。縄文時代から擦文（奈良・平安）時代までの多くの遺跡が確認されただけでも一〇八ヵ所に上る。

和人が住むようになったのは、一一八九年(文治五年)、源頼朝の奥州攻めに破れた平泉藤原氏の残党が蝦夷地に逃れて来た頃とされている。

鎌倉時代には、北の流刑地として多くの罪人が流刑されたとあり、この頃から、和人が急激に増えた。

道南に住む人々は「渡党」（わたりとう）と呼ばれ、北上して定着した和人や武士の子孫や蝦夷の人々が混ざり合って暮らしていた。

松前が歴史上初めて現れたのは、十四世紀の「諏訪大明神言詞」（すわだいみょうじんえことば）で、東北の大海に蝦夷島があり、その中に「万堂満伊犬」（まどうまいぬ）として松前が書かれている。

中世の時代、蝦夷地を支配するのは津軽の領主で、蝦夷管領の安東（安藤）氏であり、同族や家人を津軽各地、蝦夷地に派遣していた。

この頃、道南には、十二の館があり、コシャマインの率いるアイヌの人々との戦いなどがあり、花沢館（上ノ国町）にいた武田信宏が和人勢力の指導者という地位を獲得し、後の松前藩の基礎をつくり上げた。

夷酋列象

（出所）松前町ホームページ

コシャマインとの戦いは、信広（松前の祖）がわずかな兵で現在の七重浜あたりでコシャマイン父子を弓で倒して終息したが、それからもしばらく戦いは続いたとされている。その背景を考えると、アイヌ（蝦夷）の居住する平和な島に、本州和人が侵入、館を構え、武力を持ち、横暴と思える態様が蝦夷の反発をかい、決起（戦い）という形で表われたものと考えられている。

このようないきさつをたどりながら津軽海峡をより強く歴史に登場させたのは松前藩の成立と北前船の活躍であった。

松前藩の成立

松前家五世慶広（武田）は、豊臣秀吉が死去し、徳川家康が政務を握ると、慶長四年には家康に接見し、これを機会に姓を松前と改め、蝦夷地での支配権を認められた。松前は、マツ・オ・マエ（女の住む沢）のアイヌ語を、徳川の旧姓、松平の松と慶広をとりなしてくれた前田氏の前を合わせたものだと言われている。

慶長八年、江戸に参勤した慶広は、翌年正月、征夷大将軍家康より「黒印制書」を授かった。

秀吉の制書「朱印状」が交易徴税権の付与であったのに比べ、家康のは一歩進んで、松前氏の許可なく蝦夷交易が出来ない事、すなわち蝦夷交易の独占権・支配力を松前氏に認めたのである。

この黒印状を手にする事により、慶広は近世大名としての地位を確立し、最北の藩、松前藩が成立した。

松前藩の津軽海峡を挟んだ東北とのつながりも積極的だった。

初代松前藩主となった松前家五世慶広と「独眼竜政宗」の仙台伊達藩主政宗は、お互いに同じ戦国の世を生き抜いてきた武将であり、二人は親交があり、慶長十四年、慶広の七男安広は伊達家の家臣となり、「市政」を名のり、千七百石（二千石ともいわれる）を拝領した。その後、安広は伊達藩の重要な役目に就いていた片倉家の娘と結婚して、五男二女の子供に恵まれ、仙台松前氏の系譜を作ることになる。

松前藩の参勤交代と津軽海峡

大名及び交代寄合席（上級旗本）の統制策として参勤交代が義務づけられていた。

松前藩は当初は槍二本立、警護の兵、供揃い百七十人という大行列であったが、藩の家臣が三百人程度で半数以上を江戸に連れて行くと領内は、がら空きになってしまうので、各村の青年や商家の使用人等を集めて、家臣を演じさせたり、江戸では藩邸の門番などをして連れ帰るという事である。江戸にいる期間は、十～十一月から翌年二～三月までの四～五ヶ月間と短かった。

後に槍一本立にして、護衛の兵、供揃い八十人にしたということであったが、参勤する費用は膨大なもので、往復三千両（米価から計算した金一両の現在価値は、江戸初期で十万円前後、中～後期で四～六万円、幕末で約一万円～四千円ほど）余りを要した。

参勤する時の費用を捻出するために、大変苦慮しなければならず、場所請負人の商人達などから御用金借上金を献上させたりして都合していたが、これらの商人達により藩の経済も握られる結果ともなった。商人達は、藩政を力添えにして北前船の交易などにより財力を強くした。

藩主が出発しようとする際は、吉日を予定日として触れ出し、神社などは御日待神楽を斉行した上で順風を祈る。

松前から津軽半島の三厩村に至るには、北及び北西の風が最も良い風である（帰りは南東か南風）。津軽海峡を渡るという事は、潮の流れや順風が吹いた日を待ち、雨や雪が降っても航海しなければならなかったのである。

普通、順調にいくと二時間くらいで目的地三厩に着くが、時には大きく外れることもあったようだ。

例えば、元禄五年（一六九二）の松前藩執政の「松前主水広時日記」に参勤を終え、江戸から松前へ下る詳しい行程が記されているので参考としてみると次の通りである。

二月九日　（旧暦）朝六ツ半（七時）江戸出立から始まり
同二十九日　夕七ツ時（十七時〜十八時）三厩着
三月一日　風下り、御風待
三月二日　西風、同
三月三日　同合風、同
三月四日　東風天気能御船中万端別条無く。

参勤交代
170人くらい。

武家諸法度（1635）〜
江戸に一年、領国に一年

幕府巡検使（120人以上／回）

・17世紀x3回
・18世紀x5回
・19世紀x1回

将軍代替わりの節、
巡検使が各大名の領地検分

昼四ツ時過（十時）松前へ御安着。御社仏参。

こうしてみると、凪待ち三日間を含む、実に二十六日間の大旅行である。この二十六日間は、順調の方で、春の降雨の多い時期や海峡が荒れる日が続いた際は、四十日もかかったことがある。

参勤交代の狼煙（現在に再現のロマン）

藩主参勤コースとして松前〜三厩の航路が確定されてくると、航海の安全と確認を計るため松前城中と白神岬（峠）、竜飛岬に**狼煙（のろし）台**が設けられた。

松前から江戸に向かう時は、本線（御座船）が出帆すると早馬で松前城（七面山下）の狼煙台より白神の狼煙台に知らせ、この狼煙を受けて白神狼煙台を受けて発火すると、竜飛岬狼煙台が受けて、藩主の出発を知り、三厩本陣に通知し、受け入れの準備に入った。

江戸からの帰りも、藩主一行が津軽領内に安着すると三厩から狼煙を上げて無事を知らせ、白神番所がこれを見て狼煙を上げて城中に知らせ、領内の人々は太鼓櫓を開いて藩主の無事を知り、喜んだのである。

この狼煙を現代に再現した人々が松前郡福島町と津軽郡外ガ浜町（三厩）にいる。言い出しっぺは福島町の**中塚徹郎さん**である。

平成十年（一九九八）に福島〜三厩間にフェリーが就航することになったとき、中塚さんは「これは「二つの町にとって画期的なことだ。殿様の参勤交代の航海ルートではないか。ならば狼煙を再び打上げて華を添えて祝いたい」と考えた。早速行動に移した。中塚さんは、古文書を調べ、史実に造詣が深い町内の宮司さんや郷土史家を訪ね、発火台の構造・白い煙にする材料・対岸で煙を確認するには背景は山並みが必要という核心を把握し、対岸の人に「共にやろう！」と呼びかけた。

二つの町の行政の理解・協力もあり、両町の有志達のプロジェクトは「楽しく、慎重に」進められた。松前側は白神岬に近く、青函トンネル工事基地でフェリー港となった吉岡漁港内に狼煙台を築造した。

フェリー運航（現在休止中）開始式典の平成十年七月一日、狼煙は打上げられ、海峡を挟んで約三〇キロ離れた二つの町で、対岸の白い煙を視認し合った。

江戸時代の狼煙は、見事に無事に再現された。

再現された狼煙台は、壊さずに発火部を封印し、台場は残されている。

復元された狼煙（のろし）

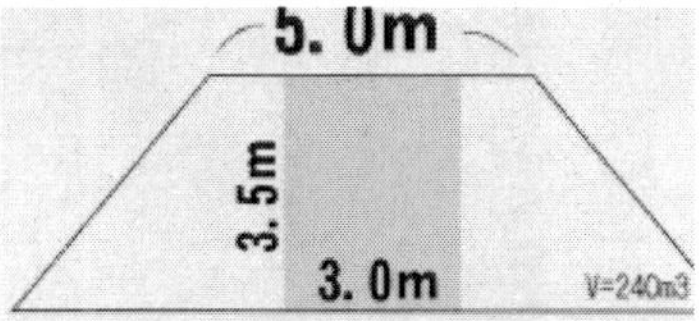

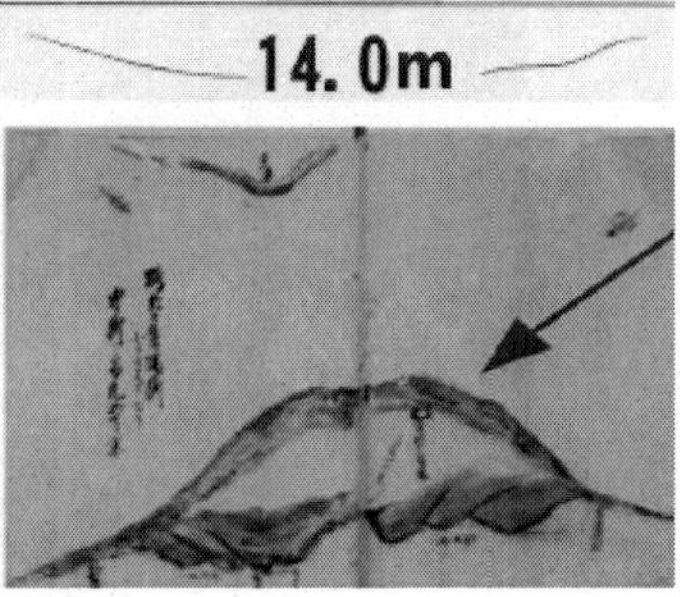

狼煙の再現は、平成二十八年（２０１６）三月二十六日、北海道新幹線開業日に合わせて、発車時刻に点火され、二度目の成功をした。狼煙台は、再び保存されて次の機会を待っている。

中塚敏郎さんは、福島町で建設会社を経営し、函館建設業副会長の要職で活躍し、この狼煙再現だけでなく、郷土の歴史を通して、町づくりに熱い気持ちで尽力されている。

のろしイベントに関する記事

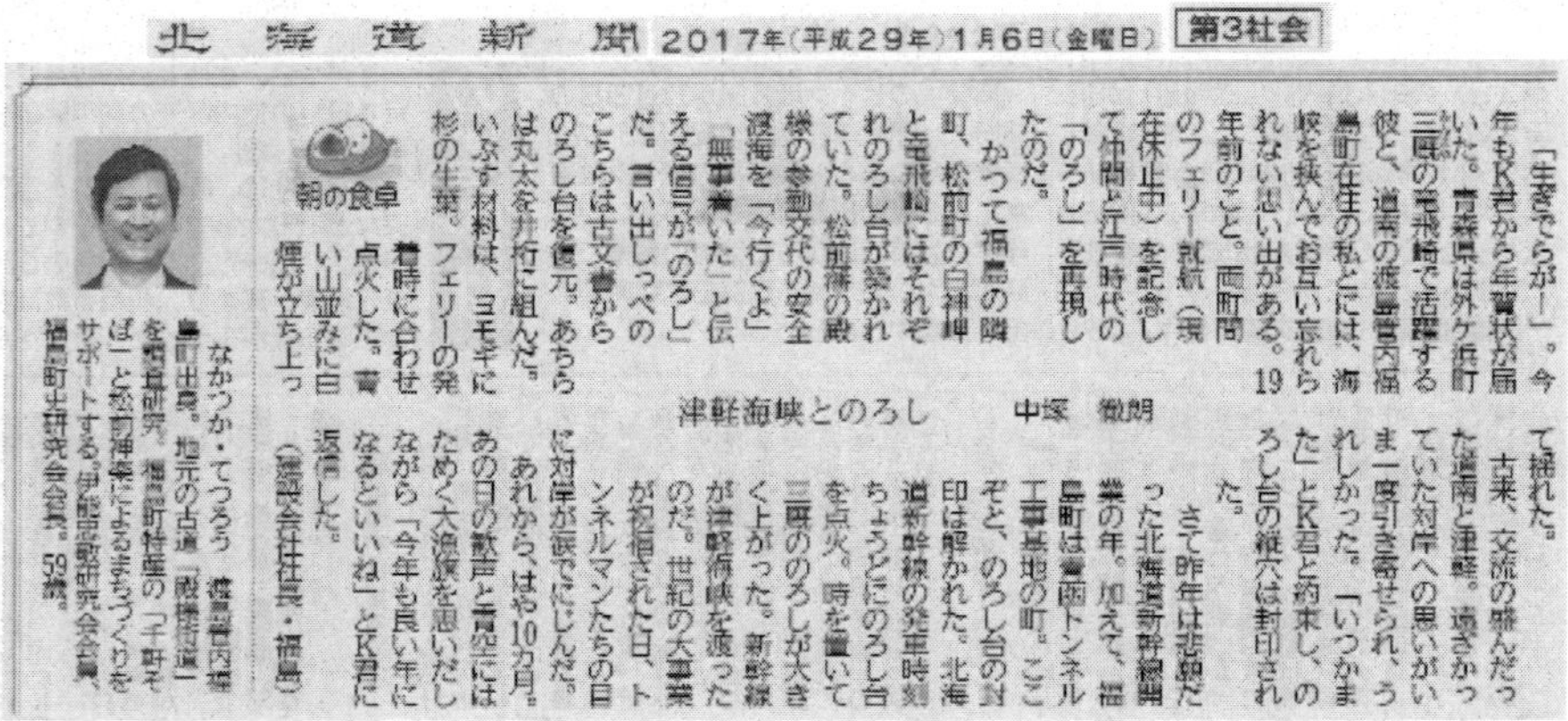

北海道新聞　2017年（平成29年）1月6日（金曜日）　第3社会

朝の食卓

津軽海峡とのろし

中塚　徹朗

「生きてらがー」。今年もK君から年賀状が届いた。青森県は外ケ浜町三厩の竜飛崎で活躍する彼と、道南の渡島管内福島町在住の私とには、海峡を挟んでお互い忘れられない思い出がある。19年前のこと。両町間のフェリー就航（現在休止中）を記念して仲間と江戸時代の「のろし」を再現したのだ。

かつて福島の隣町、松前町の白神岬と竜飛崎にはそれぞれのろし台が築かれていた。松前藩の殿様の参勤交代の安全渡海を「今行くよ」「無事着いた」と伝える信号が「のろし」だ。言い出しっぺのこちらは古文書からのろし台を復元。あちらは丸太を井桁に組んだ。いぶす材料は、ヨモギに杉の生葉。フェリーの発着時に合わせ点火した。青い山並みに白煙が立ち上って揺れた。

古来、交流の盛んだった道南と津軽。遠ざかっていた対岸への思いがいま一度引き寄せられ、うれしかった。「いつかまた」とK君と約束し、のろし台の縦穴は封印された。

さて昨年は悲願だった北海道新幹線開業の年。加えて、福島町は青函トンネル工事基地の町。ここぞと、のろし台の封印は解かれた。北海道新幹線の発車時刻ちょうどにのろし台を点火。時を置いて三厩ののろしが大きく上がった。新幹線が津軽海峡を渡ったのだ。世紀の大事業が祝福された日、トンネルマンたちの目に対岸が涙でにじんだ。

あれから、はや10カ月。あの日の歓声と青空にはためく大漁旗を思いだしながら「今年も良い年になるといいね」とK君に返信した。

（建設会社社長・福島）

なかつか・てつろう　渡島管内福島町出身。地元の古道「殿様街道」を調査研究。福島町特産の「千軒そば」と松前神楽によるまちづくりをサポートする。伊能忠敬研究会会員、福島町史研究会会員。59歳。

のろし関連の記事

読売新聞 2016年(平成28年)3月7日(月曜日)

開業日 のろしでお祝い

福島と青森県外ヶ浜町

津軽海峡挟み記念の催し

北海道新幹線が開業する26日、津軽海峡を挟む福島町と青森県外ヶ浜町が、のろしを記念に上げて祝おうと計画中だ。江戸時代に参勤交代の松前藩主が船で海峡を渡る際、のろしで無事の連絡を取ったとされる故事にちなむもので、新幹線時代の到来を告げるイベントとなりそうだ。

開業まで 19日

江戸中後期の探検家・最上徳内の「蝦夷草紙」によると、松前城（松前町）と北海道最南端にある白神岬（同）、本州の竜飛岬（外ヶ浜町）の3か所に当時、のろし台が置かれ、藩主が無事たどり着くと、のろしが上がったという。

福島町の福島漁港では、のろし台を復元。のろしを記念で上げるのは、1998年に福島―三厩（外ヶ浜町）間のフェリー運航が一時再開された時に続き、18年ぶりになる。今回は新幹線の上りの「はやぶさ22号」が木古内駅を出発する午後0時57分に福島で、同列車が奥津軽いまべつ駅に到着する同1時35分に外ヶ浜で、それぞれのろしを上げる。荒天の際は中止だ。

計画は青森県側が福島町に打診して双方での実施が決まった。福島町実行委員会の担当者は「北海道新幹線で結ばれる2地域の交流を振り返りながら、開業を祝いたい」と話している。

北海道新幹線のルート

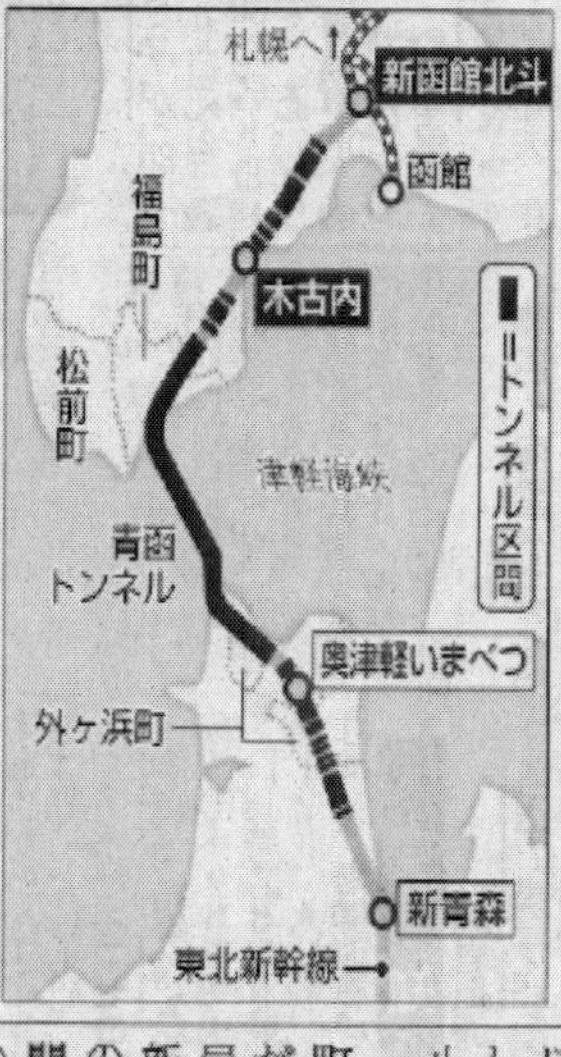

活気ある城下町・松前屏風の絵

松前藩には、東北からのニシン漁出稼ぎ者の流入などもあり、一七〇七年には人口が一五八四八人とされている。

こうした当時の賑わいが伝わるものとして「松前屏風絵」がある。松前屏風は、松前藩の絵師小玉貞良が宝暦年間（一七五四〜一七六四年）に松前城下の秋を、福山を中心に白神岬から根部田（現在の字館浜）に至る城下町の風景が描かれ、城（館）、寺院、商家、港湾、北前船と交易の状況や往時の風俗に至るまで、克明に表現されている作品（縦約一・五ｍ・横約三、・ｍ）で、松前町郷土資料館に複製展示されている。

この屏風絵を現在の松前に生き返らせてくれた学生さんたちがいた。公立はこだて未来大学の学生による企画展「松前屏風に見る昔と今」が二〇一八年十一月二十日に同大ミュージアムで開催された。高精細画像で複製した屏風を本物と同じ大きさで展示し、現在の松前町を上空からドローンで撮影した写真で比較できるように工夫されていた。また屏風に描かれている人物を紙の円筒に印刷し、服装や仕事などの説明をつけている。成人・子供で四二二人、赤ちゃん九人の計四三一人ということだった。

リーダーの女子学生に、企画の発想を聞いたら「昔と今の町の形や寺社などの施設が変わっていないから」と教えてくれた。素晴らしい目の付け所に感心した。

十八世紀の松前城下にタイムスリップして、当時の活気が伝わった。

「松前の五月は、江戸にもない」と言われ、北前船が盛んに行き来し、アイヌの人もいた時代の繁栄は、道の文化財の「松前屏風」に偲ぶしかなくなった。

幕末の藩主と津軽海峡

十八世徳広は二十二才で藩主（十四代）を継いだ。時代は幕末で、残念なことに病身で多難な藩政の乗り切りは苦難だった。

戊辰戦争（箱館戦争）となり、旧幕府軍の攻撃を受けるようになり、敗退をし、逃避行の身となり、一八六八年（治現二）十一月十七日、遂に津軽に逃れることを決意し、熊石の目谷又右衛門所有の中漕船「長栄丸」を借り受け、浮力を増すために村中の空樽五〇余個を船べりに結びつけ、海水の汲み出し容器を積み、奥方、嫡子ら一族、家老、侍女ら七十一名、決死の水主（かこ）十五名と共に船出をした。厳しい津軽海峡漂流中、侍医が松前家代々の宝器を海に沈め、我が殿の安泰を龍神に祈った。途中、船中で先代崇広の娘、鋭姫が五歳で死亡する不幸もあったが、二十一日夜、ようやく東津軽郡平館海岸に漂着した。藩主一行は津軽藩の台場（砲台）の兵に救助されたが、ほぼ同時に長栄丸は、岩に触れて破壊するという危機一髪の海峡渡りであった。一行は、津軽藩の援助を受け弘前に入り、同地の寺院を仮宿舎とした。徳広は、病状の悪化には勝てず、二十九日に二十五歳の若さで没した。一説には、父の位牌に謝しつつ切腹したという説もあるが、津軽という異郷の地に恩義の念を持ちつつ、魂は松前に残し亡くなった若き藩主だった。

海峡の明治維新

徳広死後も箱館戦争は続いていた。松前軍の兵士の多くは藩主死後、軍服の下に喪服を着て戦った。一時、旧幕府軍により松前城が陥落し、藩士らは青森へ逃避したが、民衆は藩士らに軍資金を献金し、若者達が海峡を渡って兵卒や下働きの夫卒に志願し、松前城を奪還し、新政府軍の兵士として戦い、多くの戦死者を出しながら新政府軍の勝利に大きな貢献をした。

明治二年の出兵数は、松前藩は一六八四人で、出兵した藩中一位の二〇%を占め、戦死者は九十一人（全体二一七人の四二%）、傷者は一〇七人（全体三九四人の二七%）といずれも一番多かった。

戦死者数でいえば②備後福山藩二五人　③長州藩十八人　④弘前藩、備前岡山藩十五人だったとされている。津軽海峡と対峙した弘前藩も激流の地であった。

弘前藩は奥州触頭（ふれがしら）を命じられ、青森は新政府側の箱館戦争の前線基地となった。旧幕府側も〝後方の兵站基地〟として動きを活発にした。

「間諜の暗躍が新政府軍も榎本軍も共にすさまじい」（「青森県の歴史」）ものがあった。

明治二年四月、箱館からイギリス船が、青森に入ってきた。イギリス人の男女三十人余が乗船していて、戦争が激化したのでイギリス商館から避難してきた人々であった。フランス船も入港し、二百人余が海峡を渡り、避難してきた。四月も末になると、続々と戦傷者が「ヤンシウ船」に乗せられて青森に送られてきた。

時の大商人は、情報の収集に余念がなく、従って世の動きには鋭い感覚を備えていた。青森町の富商で廻船問屋の瀧屋伊藤家当主の彦太郎が書き残した日記「家内年表」には、これから「世情騒乱」になり、「澆季（ぎょうき）（衰えた末世）変革」の時期に当たり「恐怖の時期」になるだろうと予測している。

まさに富商彦太郎の予測は的中した。

松前藩の消滅

明治二年（一八六九）六月、中央政権を掌握した明治政府は「版籍奉還」を決定した。土地（版）と人民（籍）を天皇に返上（奉還）する（せよ）ということである。

松前藩の役割は消滅した。

加えて、明治四年七月、太政官は廃藩置県の政令を発布し、松前藩は「館藩」という行政単位となった。旧藩主が藩知事をしている場合は、知事の辞官を求められ、旧藩主は民衆との結びつきを絶つため、東京居住を命じられる。二七八年にわたって蝦夷地に君臨してきた松前家はその居城地から去ることになった。

松前藩をめぐる歴史は、津軽海峡をクロスして、新しい時代を開いていく。

松前藩主の墓所

（出所）松前町保＾無ページ

2　津軽の北海道と北海道の津軽

松前藩をめぐる歴史は津軽海峡をクロスして、新しい時代・明治にもつながる。藩主（知事）がいなくなった旧館藩には他県と同じように「県制」が布かれるはずだったが、他県のように県知事が発令されない状況が続いた。〃無政府状態〃であり、民衆の不安や不満もあっただろう。

政府は四年九月九日、館県（福島郡、津軽郡、桧山郡、爾志郡）を弘前県（後、青森県に改称）に併合すると告示した（※津軽郡は松前町）。

松前藩の館県が津軽海峡を飛び越えて青森県となったのである。例えば福島村は「青森県福島郡福島村」と呼称された。

青森県は、四年十二月九日、海峡を隔てた松前に「青森県福山支庁」を設置した。この行政組織は五年九月まで続き、旧藩時代の負債の政府引き継ぎ、明治五年の全国一斉実施の戸籍作成のための準備など山積みする課題に取り組んだ。

しかしながら、青森～松前間の船便は少なく、海峡の海は荒れることも多く（特に秋～冬）、一件の書類の往復に三十日もかかり、福山支庁の事務は著しく停滞した。青森県は旧館県地域の管轄を返上したい、出来なければ連絡用蒸気船を配置してほしいと太政官に建白書を出した。太政官は却下した。

開拓使も重い腰を上げ、五年九月二日に元館県の道南四郡を開拓使に移管したい、と太政官に願い出て、九月二十日に認可された。

明治六年一月に、福島、津軽（松前）、桧山、爾志の四郡を青森県から開拓使函館支庁に移管され、〃津軽の北海道〃の行政上の変則的負担は解消された。

松前地方を「津軽郡」と名付けたのは松浦武四郎である。北海道という命名にあたり「蝦夷を北海道と称し、十一国

明治初期（1871年）の行政区分

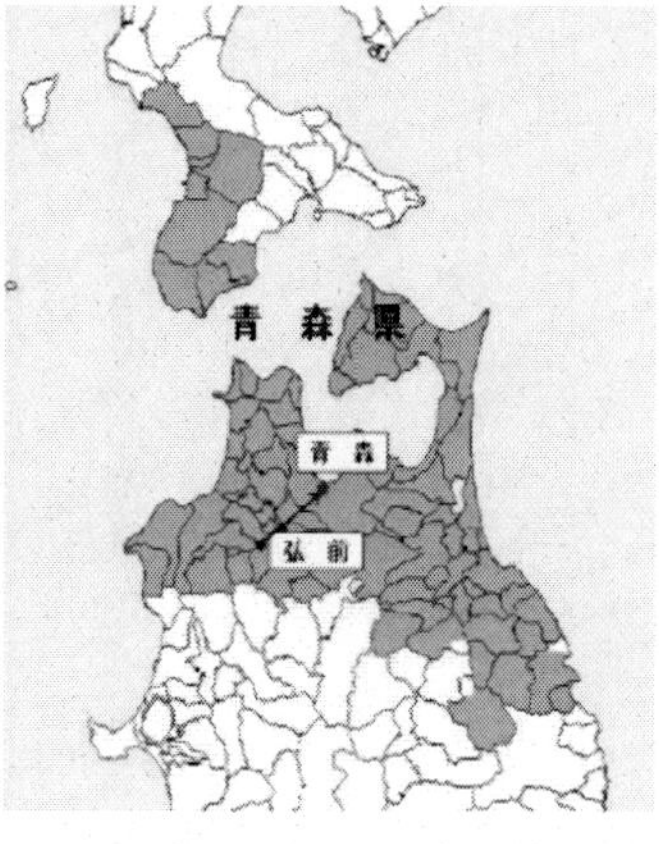

八十六郡となす」（「北海道史・附録年表」）とし、十一国のうち道南を「渡島国」（おしまのくに）・亀田・茅部・上磯・福島・津軽・桧山・爾志の七郡に分けた。

「津軽郡」と名付けた理由について「此処松前郡か又は福山郡とすべけれ共、福山の名何時より起りしか知らず。方今世間松前とは城下に通用と成りし、十余里の郡名にせば又煩わしからん。此の名は昔より津軽の地、すなわち渡島津の地にても有え、古典にも其文字見たれば、今郡名となし、後迄残し置きたくぞ覚ゆ」としている。松浦さんが強調しているのは、「津軽」という名をつけた所以は、古典からしても、この地が昔から津軽の地だからというのである。これは非常に重大な指摘である。便宜的、政治的な発言ではないのである。松浦が言う古典、つまり先人（先史）の文献にも例えば「松前は夷地の南界なり。国史に謂う所の渡島の島津軽なるは、蓋し此れか」（江戸中期の「蝦夷志」）というのである。他にも「津軽」の地名に係わる古文書・記録はある。

「津軽」の地名も、北海道にあったのである。

津軽海峡は、北海道という北の大地と青森という本州北端の大地の風と歴史を融合しながら、海の営みをしている。

3　北前船の交易（昆布を中心として）

海の営み・恵みといえば、現代も〝日本のダシ〟文化の一翼の昆布がある。そして、津軽海峡に面した地域も昆布を交易の主力品目にした北前船の活躍の拠点であった。

昆布の生育

北海道大学准教授の四ッ倉典滋さんは、「世界中の昆布は、およそ百二十種類。このうち日本には三十七種類、北海道には二十八種類もあるんだ。いかに北海道がすごいか、よくわかるよね」と小学生の自然体験教室で楽しそうに語りかける（二〇一五年九月二十七日、北海道新聞「知究人」）。

昆布は、国内では北海道の全域と青森、岩手、宮城の太平洋側だけに分布し、北海道は国内全体の九十五％相当を生産量としている。

津軽海峡は「真昆布」が分布している（下図）

北海道のコンブ生産分布

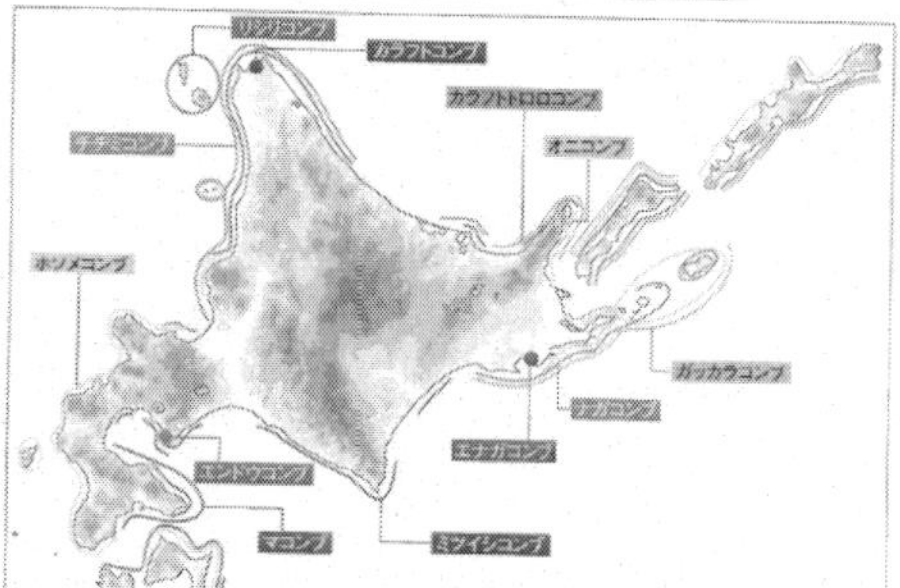

北海道の「コンブ」分布図

北前船と昆布ロード(日本の歴史を動かす)

江戸時代、昆布の需要を支えたのが北前船である。北前船は、津軽海峡を縦横に往来し、昆布だけでなく、例えば下北の優れたヒバ材を大畑で積み込んだし、野辺地では銅を積み出し、造船の町、川内は北前船を頼りとし、大湊に碇泊したり、日本海側だけでなく広く東北各地に足跡と文化を残している。

北前船の西回り（日本海）航路は、当時その商才を謳われた近江商人達によって開かれた。最大の交易品が昆布だったので「昆布ロード」ともいわれる。松前行きは、当時の文明・文化の品々を山積みにして船出し、中継地でも商いをし、（「海の商社」と言われる）、帰りは昆布・ニシンをはじめとしてあふれるばかりの海産物を積んで、日本海の港をたどり、大坂は最大のコンブ港となった。

松前藩は昆布や魚類取引に税を課して藩の財政を潤した。

その後、東回りで江戸への航路が開け、西回り、東回り両方面から琉球王国（現在の沖縄）への航路が開け、琉球を中継地として清（中国）へと昆布ロードは延びてい

昆布ロード

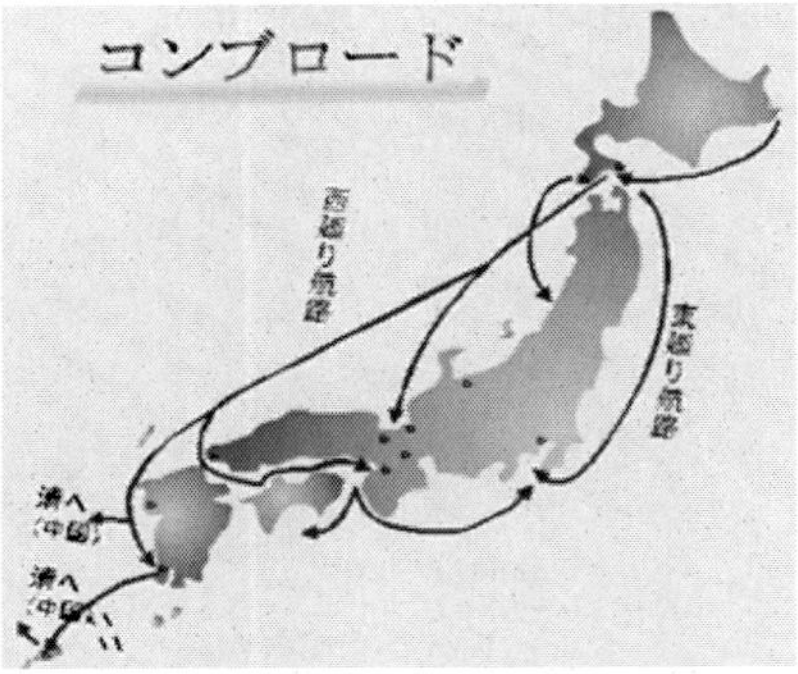

（出所）ＤＶＤ『コンブのすべて』

った。

幕末の頃になると、財政が逼迫していた薩摩藩は、富山売薬「薩摩組」が北前船で運んだ昆布を風土病に悩む中国に輸出し、中国からジャコウなど貴重な薬の原料を輸入する密貿易を行い、この密貿易で財政を立て直し、紡績や大砲などの工場を建設して力をつけ、倒幕、明治維新を動かす経済的パワーを蓄積し、時代の主役となった。

北海道産の昆布と北前船が日本の歴史を動かす一因となっていた。激動の時代の知られざる真実が歴史的重みを持って迫ってくる。

これらを通しても津軽海峡とこの地域は歴史の「北の拠点」であり、北前船が役割を高めてくれた。

北前船の歴史的意義

北前船は江戸時代末期から明治時代の前半に隆盛したが、維新後、蒸気船の登場や鉄道網が発達するとともに衰退し、明治三十年代にその幕を閉じた。近世日本の物流を担っただけでなく、文化の伝播や人の交流にも大きく寄与し続けた海運業であった。『北前船、されど北前船』著者の北国諒星さんは、次の5点に総括しているのでそのまま紹介する。

① 経済の一大中心地江戸・大坂の繁栄を支えた。
② 日本海沿岸の寄港地を含め、各地の特産物の相互流通、経済活動を高めた。
③ 鎖国体制のもとでも、人々の視野を広め、新しいことにチャレンジする精神風土を育てるとともに、通婚圏を拡大した。
④ 明治中期以降、北前船に代わり、汽船の活動が盛んになってからも北前船生き残り組が地方経済を支える勢力になった（汽船による海運業への転進以外にも、銀行業・倉庫業・大地主・鉱山経営・火災海上保険業など各方面へ進出）。
⑤ 上方文化の中に北方文化を導入し、さらには各地間の文化交流を盛んにした（蝦夷屏風、船箪笥など船中生活の民芸品、九谷焼・伊万里焼などの焼物）。

そして次のことを付加したい。

⑥ 昆布ロードをつくり、今なお北海道漁業と日本各地の地域ごとの食文化を世界へアピールするのに貢献している。

北前船の大きな功績の残像は、津軽海峡にもある。

第 5-1 章　津軽海峡を挟んだ地域の生活文化

日本の旅人・菅江真澄に魅せられて

菅江真澄研究会　根津静江

1　菅江真澄

　ある時、私の外国の知人夫妻が菅江真澄（白井秀雄）、平尾魯僊の研究家と知り、非常に衝撃を受けました。なぜなら関心の深い人々は、知っていても一般的に菅江真澄、平尾魯僊の人と業績について知られていないことも事実です。そのことを念頭にその関心に訴えたく思い、津軽海峡を境にした道奥（東北）蝦夷地（北海道）を中心にこの稿を書くことになりました。

　菅江真澄は一七八三年（天明三年）故郷三河信濃、越後を経て道奥へ出発して居り、「日本の旅人」として彼の三十歳から五十八歳までの旅日記は、真澄の本領が生かされた時期でもあります。

　二〇一八年、死後一九〇年の今日。改めて二三〇年余前の東北（道奥）北海道（蝦夷地）は、我々が想像も出来ないほどの遠国であり、甘美な旅行とか漂泊への憧れなどでの旅路ではなかったのです。「道奥」は平安朝の昔から歌人や文人の夢見る遠国でもあり、世俗も離れ、漂泊う人の志す風土であったのでしょうか。江戸時代の半ばの天明の頃、世捨て人、遊歴詩人だけでなく道奥と蝦夷地への関心に知的な階層や江戸幕府の体制内でも高まっていたので、菅江真澄の意図した旅は、時勢から見れば特に奇異な発想とはいえないのです。

道奥への旅は、三十歳の時、念願の機が熟したと思い、以後三〇年余の歳月をかけ、ひたむきに北行への旅を続けたのです。封建制社会の規制を受けながら、武士とか役人とかの特権もなく、頑健な体力の持ち主でもない。充分な路銀を得る方法も乏しかったと思われます。寒冷な辺境の厳しい自然と生活条件に屈することなく、一貫して追及した生涯は勇気に満ちた一生と思われます。

「釜井庵」とは城跡だった小高い丘の中腹にある孤立した庵室で、真澄にここへ住む便宜を与えた土地の旧家、医者の可児英通という人の好意による計らいであった。

「古今伝授」

そこに信州本洗馬の青松、長興寺という名士の住職は洞月上人という学僧で、真澄とは一〇年来、昵懇の交わりのあった老僧。真澄に自信を与えるものとして、「古今伝授」を授けた。これは冷泉家から授けられたもので、「古今和歌集」の解釈上の秘儀についいて中世以来権威ある秘伝書である。特定のものしか伝えない秘密とされ、伝授を受ける者は、それを誇りとされ世間も尊敬した。

この江戸時代の中期でもその権威は保たれ、この奥義書一巻はいわば身分証明書、生活手段の保持書の役割を持つもので、洞月上人は真澄の歌才と教養を認め、志を励ました厚意であった。真澄は人々から敬愛される人柄の魅力があったのである。

菅江真澄　旅の足跡

（出所）菅江真澄研究会

2　道奥への旅

真澄は伊那中路から越後を経て道奥への旅へ出発し、湯沢（雄勝郡柳田）に至る。奥羽地方は、天明三年（一七八三年）卯年の飢渇と言われている冷害による凶作と飢饉が襲った。津軽藩、南部藩のような北部地帯ほど災害は深刻で、やや南の秋田藩や仙台藩でも餓死者六千人、他からの流人者一万人が飢えで死んでいた。窮乏した民衆の打ち壊し（暴動）がしきりに起きて暗い世情だった。これを「天明飢餓」という。

信濃と越後の最初の関所を越え、北国街道を高田、直江津から日本海岸（柏崎、出雲崎）の順の北行の順路である。その後、三条から新潟を経て葡萄山地へと進む。東北の山岳は険しく重々しいものでいて、呼び込まれるような優しさもあり、渓谷の上流は中世期から栄えたという高根金山があって、今でも露天掘りの跡が何カ所か残っている。

真澄は陸奥の金山に興味のあった人なのか。藩政時代には葡萄鉱山から銅と鉛を掘っていた。

真澄は「秋田かりね」「小野のふるさと」「外が浜風」「けふのせば布」「かすむ駒形」

下北半島

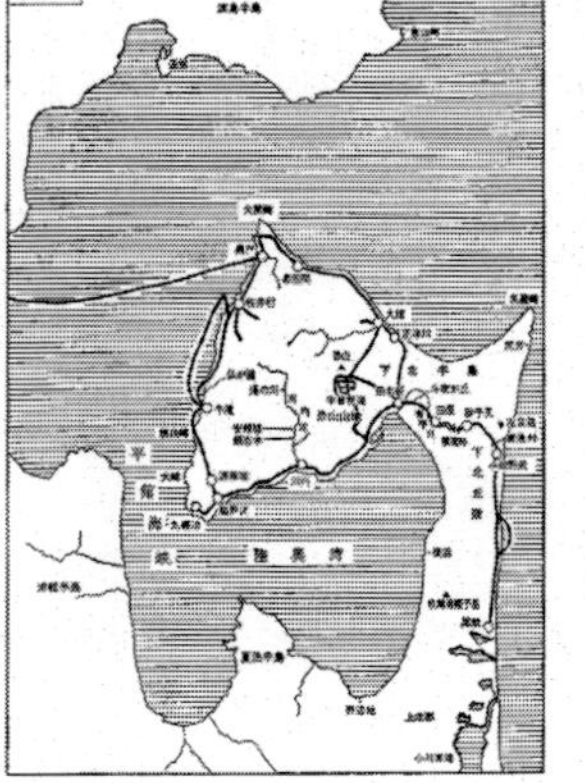

（出所）秋元松代「菅江真澄」

「はしわの若葉」「雪の胆沢辺」「風風異器」「岩手の山」「宇土の浜ったひ」等、紀行を残している。

（野辺地）

一七八八年（天明八年）野辺地（青森県）港町の酒屋に腰を下ろす旅人は、海味噌というウニを肴に楽しそうに、酔うている。天明の飢饉は終ったのだと。真澄もその旅人のひとりであった。

野辺地の青い波の上は、下北半島の山地が遠く連なり、本州の北の海が大きく眼前にひろがる風景。真澄は青森の町へ入り、油川から松前街道に進んだ。この街道は浜街道とも言う。藩政時代には本州と北海道（蝦夷地）との往復には、必ず通った道。陸奥湾の海べりを真北に向かう道筋には、流木を組んで潮風よけに囲った漁家の集落がひっそりと続いている。

（三厩の港）

遠い沖に松前（蝦夷地）の島が漂うように見える三厩の港に着いた。松前まで海上七里の距離まで来た。港には幕府の巡見使一行が到着する。三艘の大船が用意され、村はあわただしく、港を見下ろす丘に観音堂がある。

源九郎義経が亡命者としてここから蝦夷地渡海をしたという伝説の地で、航海の安全の守護を祈る廻船問屋の商人達などが奉納した三十三観音が裏山にある。

真澄は巡見使騒ぎの三厩では便船待ちは、覚束ないと考え、宇鉄という寂しい漁村まで行く。もとのマタカイブというアイヌの子孫の四郎三郎という者に頼んで、ようやくやませの追い風が吹き始めた沖に碇をおろしていた松前行きの船に乗り出航した。月は昏々、海上はまだ静かだが、潮風は刺すように寒く、蝦夷渡りの帆縄が引き上げられた。

風、波はやや静まり月が沈んで海路は真の闇の様だが、北斗星の光を頼りに海峡（津軽海峡）の波をわけて行く。船底で真澄はひどく船酔いしていたが、やがて遠く犬の鳴く声がして陸地に近づくのが知れた。

青森県恐山

（出所）菅江真澄研究会

3　蝦夷地での旅

（松前）

七月十四日早朝松前港に入った。紀行『卒土の浜づたい』には津軽海峡渡りの様は実感込めて書かれている。（出所）秋元松代「菅江真澄」

後世になって函館連絡船が風波に荒れた時など、函館港の灯が近づくと「船が着いた」という思いがした。

巡見使一行は一週間に大船団で、松前に上陸した。その頃の松前は市中三〇〇〇軒という城下町に等しい繁栄の都市だった。巡見使一行の古川古松軒の上陸の第一印象は次のように證している。

『松前は意外なるに　その家宅の綺麗なること　都めしき所にて　左右の町家、表を開き床に花を生け　金銀の屏風も立て　毛氈も敷き並べ　御巡見使ご馳走のていとみて、貴賤の男女千体仏のごとき　拝見に出し風俗　容てい　衣服に至るまで　上方勤めの人物に少しも劣らず　わずかなる

蝦夷地の旅

（出所）秋元松代「菅江真澄」

海を渡りて、かかる上々国の風俗あるらんとは　風聞にても聞かざりしに　ひとりあきれざる者なし』

藩政時代の松前は、蝦夷地（北海道）の代名詞であった。藩主は蝦夷地交易の独占権を幕府から認められ、豊富な海産物や木材の取引は、近畿北陸の大商人によって行われ、少し後の時代になると銭屋五兵衛は有名。それらの豪商の出張所は松前（福山）城下に軒を連ねていた。そうした移住者や廻船業者などの松前には、上方文化が持ち込まれ、京大阪風の華やかな雰囲気があった。気候は対馬暖流の影響で温かく桜の名所である。

真澄は上陸したが、役人でも商人、労務者でもなく彼の来島目的は認められず、松前藩では入国者を厳重に取り締まっていて、次の便のあり次第、本土に送還されることになり、足留めされた。しかし廻船問屋の沢田利八の戻に預けられたが、沢田利八は町人ながら文学（文字）を知る人物で、真澄の詠んだ歌に感じて、松前藩の侍医、吉田直江一元を訪ねた。

思いやれ　たよりも波の　捨小船
沖にたゆとう　心つくし

北海道福島町

（出所）平尾魯僊

真澄の人柄なり教養なりが、利八、侍医の吉田一元を動かし、折を見て藩主松前道広に取りなした。真澄の在島、島内巡遊を特に許し、藩主の継母「文子の方」の和歌の相手として、伺候するよう取り計らった。

竜雲院。「文子の方」が先代藩主供養祈願の為のお寺で、その一室を真澄に与えた。人々の善意によって念願の蝦夷地に、足を留めることが出来たのは幸であった。彼の北海道での旅日記は上陸から約九ヵ月後、「蝦夷喧辞辨」から始まる。

（江差）

当時の蝦夷地は、先住者アイヌ族と和人（日本本州人）との雑居を禁じ、和人がみだりに立ち入ることを許されていなかった。

現渡島半島の西海岸で和人の行ける北限は、熊石まで。これを西蝦夷地と言った。それでも役人、商人、漁業者以外では僧侶の旅行が認められるだけなので、真澄は出羽の国から来た超山という僧と同行して西海岸の霊場太田山権現を目標に出発した。この西廻り海岸、江差、熊石まで北上する道は、岩礁と荒波の広漠とした海に沿って行く道。海際まで迫った断崖をまわりながら上り下りの起伏の険路である。右手には大千軒岳の連邦が聳え、僅かな雨の氾濫に真澄は度々行き悩んでいた。昔の西海岸は鰊の千石場所だった。魚群が潮流に乗ってくる漁獲期には、海上が白く盛り上がり、海に銛の柄を立てても倒れなかったほど魚群が充ち、その季節には本土から渡ってくる浜稼ぎの男たちが磯にあふれ、どこの浦から出てきたとも知れぬ漁船が、炊事や雑用をする女達を乗せて何十となく漕ぎ寄せてきた。野や山にも丸木小屋を作って、漁期の間住み着きそれを目当ての商人船が寄ってくる。漁を休む日は酒盛と唄と三味線がどよめく。銭は天地から自然に舞い降り、湧き出してくる」ような豊漁の時代であった。

その鰊漁にも豊凶の繰り返しが

蝦夷地での旅

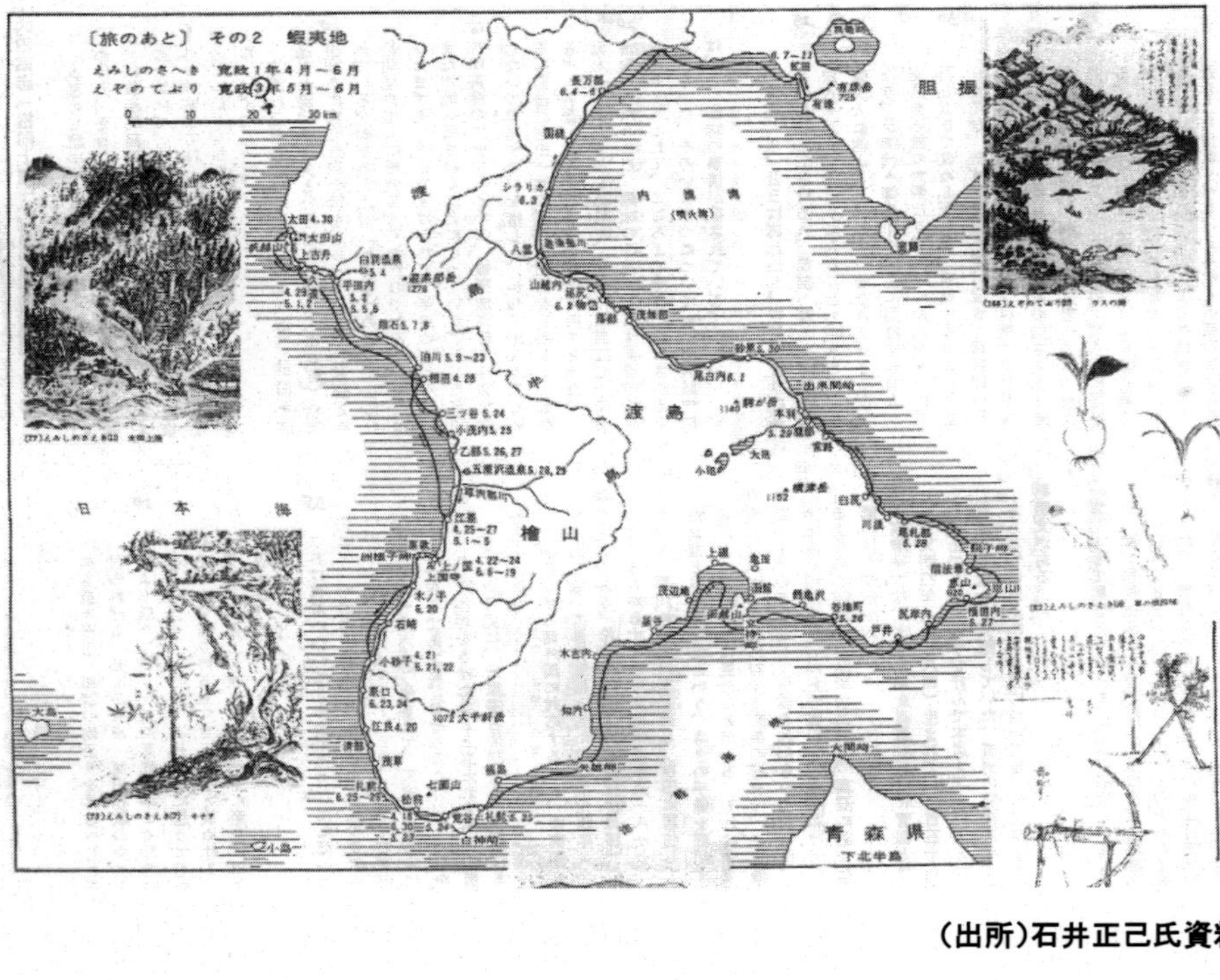

（出所）石井正己氏資料

長く続いたが、真澄の旅した頃は既に衰退の兆しがあった

〔熊石〕

真澄は江差から便船を継ぎながら熊石に向かった。舵取り舟子達は、勇ましい舟唄で飛ぶように進んだ。熊石の先のアイヌの村へ上陸し、さらに次の便船で帆越の荒瀬を乗り切って、太田山の麓近くに船を着けた。山は夏木立がようやく茂った頃、桜は散り、残り峰の深雪も消えかかっていた。真澄は、本草学者らしい緻密な観察で、本州では見られない草木や花の群生に注意を向けていた。その視線は粗木を斧彫りにした路傍の円空仏を見落としていない。松前以北の西海岸にはこの円空作の仏像が多い。太田山権現のお堂近くになると絶壁のような崖柄を鎖づたいによじ登って窟（いわや）に達した。谷は深く雲にとざされて、この世とも思われない静けさの中に仏法僧が鳴き、はるか眼下の荒海には、奥尻島が見え隠れしていると真澄は書いている。和人として北限まで来た彼の感動は筆にてよく伝えられている。この権現の別の岩窟にも円空仏が何体となくある。

円空は寛文五年（一六六五年）ごろ巡地布教の悲願を持ち、蝦夷地へ渡った僧で、高山の窟にこもって修行した聖である。その斧彫りの仏像は、すぐ後の時代になって有名になった。太田山の霊場で、円空仏を見た真澄はただ一行、「おもしろく尊し」と

書いている。

アイヌの村に入った真澄は、アイヌ達が笹ぶきの丸太小屋の中、音曲（ユーカラ）を唄い、酒盛し、喧嘩になる様を見て、アイヌ語と習俗や性情、衣服、装身具など彼一流の克明な記録に留めている。新しい経験に目を輝かせて、神経を張り、見つめている真澄が見えるような気がする。和人言葉のわかるアイヌ人を道案内にして、熊石に戻り、主に陸路を取って帰途についた。

4　東廻りの旅

真澄は度々風邪を引いたり気分が悪かったりしながら、江差まで戻った。江差で泊った法華寺の門前に立って、鴨島と入江が一望に見渡せ、真澄はここの風景を讃えて名勝松島を再び見る思いと言う。当時は弁財船が港に充ちて、海岸段丘につくった町に高裕な家が栄えていた。

「えぞのてぶり」によれば真澄は東蝦夷地（渡島半島東海岸）の有珠岳、洞爺湖へ行ったのは、寛政三年（一七九一年）五月。白神岬は陸路で越え、あとは昆布刈の小舟に便乗して、内浦湾の海岸に沿って湾内を進んだ。凪いだ海面に音立て、波が騒ぎ沖から塩が押し寄せてきた。見えたのは大量の魚群であった。沖合には鯨八頭が遊泳して、潮を吹き上げる音は、海に響き、山も揺れるほど谺したとも記している。

（恵山）

恵山にも真澄は登り、その頃の恵山は噴煙を上げていた。真澄が渡島してから三年目を迎え、彼はアイヌ語も習い覚え、通訳がなくてもある程度の会話は出来、アイヌ語で歌を詠むような余裕も出来た。やがて駒ヶ岳の麓の浦に着いた。ここから室蘭の浦まで舟路で行けば近い処である。海の上では、あまり遠くなく、西に有珠岳が見え、それよりも遠く、半ば雲に隠れているのは羊蹄山である。

（遊楽部川・ゆうらっぷがわ）

山越内というコタンに入り、アイヌだけの住む地帯で、遊楽部川を小舟で渡り、ウセッペというアイヌの家に泊った。屋内は外見とは違って、清潔で住みよく、和人の家より行き届いた住みぶりであった。衣食の様、家具調達などを彼の丹念な筆で、和語と夷語を対照させながら記録した。このウセッペはアイヌ族の中では富裕な者だろうと。道を進むとアイヌのオットセイ狩り習俗、音曲（ユーカリ）を唄いながら夜明けを迎えるまで続く酒宴のことなど、豊富に書き留め中でも医療、薬草に知識のあった真澄らしく、アイヌ達の使う薬用植物、治病方法に注目して、なまはんかな医者の及ぶところではないと感心している。ただアイヌたちは、風邪や疫病、特に天然痘などが和人によって持ち込まれるのを非常に恐れた。免疫性のないアイヌへの感染力は強く、コタンが死滅した。真澄は虻田から念願の有珠岳に登り、洞爺湖を廻り、ここでも五体の円空仏を見て下山した。和人の旅人として行ける限界であった。

(箱館)

虻田からの帰途、疲労に悩まされながら箱館(函館)まで戻ったのは、七夕祭の夕べであった。この年の内に、本土に帰ろうと考えたらしいが、翌年(一七九二年)寛政四年の秋まで、福山(松前)城下に仮寓して、城内の歌の門人も多く、歌会や文筆上の交わりも多く、在島㈣年の月日に親しんだ人々や風物に心ひかれ、旅装を収める折を決めかねていたようだ。

その頃、城で話題になったのは、紀伊国(和歌山県)の漁船が暴風に遭って、カムサッカという荒蝦夷の遠い国へ漂着したが、一〇年の間に、その多くは死んだ。生き残りを連れて、カムサッカ人が国守に会見を求めている。不安と好奇心で噂が広まっていた。

これは事実によれば天明二年(一七八二年)伊勢(三重県)の漁船神昌丸が漂流してロシヤ領に漂着し、シベリアを横断して、ペテルブルグまで送られた。一〇年後の寛政四年（一七九二年）生存者三名の内、船頭の大黒屋光太夫と、水夫磯吉の二名を日本へ送還することを兼ねてロシヤは日本との通商を求めた。アダム・ラクスマンを使節として派遣したのだった。ラクスマンは最初の遣日使であり、三十六歳の陸軍中尉だったという。その一行はエカテリーナでオホーツク海を出帆して根室に到着し、江戸幕府に会見を求めた。

5　津軽海峡での帰途

ようやく本州への便があって、真澄は在島㈣年の蝦夷地（北海道）を去った。時に寛政四年十月初旬。航路は下北半島へ取り、振り返る海上には、箱館（函館）の山が近々と見え、恵山岬の美しい姿も見え、それが遠くなる頃、前方に下北半島の大間崎が近づき、浜辺の人家に陽の当っている伸びやかな風景がひらけている。

この海路は、潮流が穏やかな日も多く、今この辺りの人々は、函館を隣の町の様に感じて往復している。青森へ出るよりもずっと近い本州の最果ての地と言われているが、むしろ北海道に向かって開かれた地点である。

真澄は、私が日本の旅人として尊敬する先人。

三十歳〜五十八歳までの旅日記の一部です。本州・北海道は、津軽海峡を境にして民俗行事、様々な習慣などを真澄の筆により残されていることは、真澄の精神の源泉が人間愛であり、人生のありふれた小さな一期一会の人々に対する感性の現われであると思います。

民族学、文化史など貴重な財産を後世に残して、真澄に改めて尊敬の念を強め、関心なき人々にも役に立つきっかけとなればと思い、筆を進めました。

第5-2章　津軽海峡を挟んだ地域の生活文化

東北のダビンチ・平尾魯僊

根津静江

（平尾魯僊画）

1　平尾魯僊の生い立ち

平尾魯僊は、文化五年（一八〇八年）十月津軽藩十万石の城下町弘前の西北端の紺屋町（弘前市紺屋町）に生まれた。平尾家は屋号を若狭屋という古くからの漁商であった。幼少から画技を好み、また読み書きでも周囲の人を驚かせるなど奇才をあらわした。十一才で商家ながら漢学の手ほどきを受け、経書を学びまた正式に画法の修得に努めた。

画道の師、毛内雲林。津軽藩の用人として三百石の家柄で、学問に優れ、画道に長じて、藩中きっての文化人であった。江戸番勤の折に江戸の谷文晁の新しい南画の画風を好み、その門と交わり、津軽に南画を伝えたのは、この人に始まると言われ、魯僊が地方画家として大成し、生涯学問を愛し、著述に励んだのは、師雲林と俳諧の師、内海草波（うちみそうは）の影響が大きかった。

青年期に入った頃、弘前の商人で俳人として高名な草波について俳諧を学んだ。草波は俳諧の他、漢籍、仏典にも通じ、独特の画風できこえていた。ここで同門の鶴屋有節（つるやゆうせつ）と知り合った。有節も商家に生まれたが、文芸、学問を好み著書も多く、魯僊の無二の友として終生「蘭菊の交わり」を絶たなかった。有節と知り合った翌年、文政八年、十八才の時、共に江戸に出て、大いに「為すあらんこと」を期して、密かに旅支度をして、出郷里しようとしたが、藩の境を出るまでに家人に発見され、遂に果たさなかった。

これから出世間の望みも絶たれ、もっぱら文芸と画業に生き甲斐を求めることになった。天保八年、三十才で家業を弟に譲り、妻と共に実家の裏手に居を移し、以後画筆と文筆に明け暮れることになった。又、画作を乞う者も多くなった。

津軽藩の蝦夷地警備に伴う用務と、異国の船見聞の望みを果たすべく、安政二年（一八五五年）六月松前に渡り、『箱館紀行』『洋夷茗話』を執筆した。藩領外に旅した最初であり、最後であった。

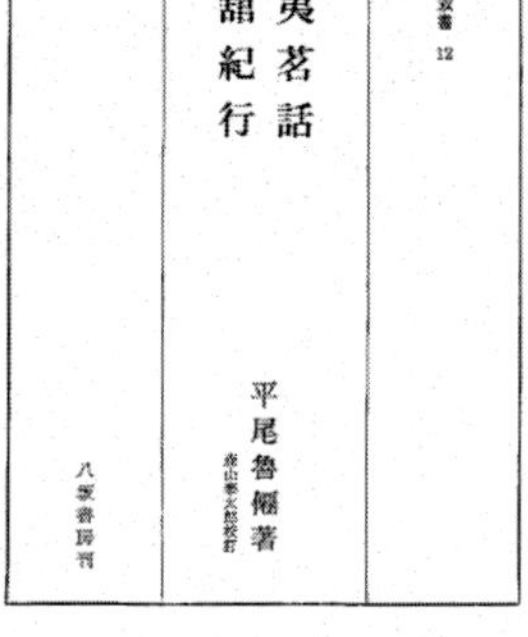

2 『箱館紀行』について

この紀行のあらましは、津軽・弘前の画人で国学者である平尾魯遷が安政二年（一八五五年）六月、弘前の自宅を発足し、津軽半島に近い西側の十三港を出港して、対岸、蝦夷地松前に渡航し、松前城下に二日滞在。馬で福島、尻内、茂辺地、亀田を経由して、箱館に到着。

市中や港湾をつぶさに巡視して、夜箱館から船で帰途についたが、途中荒天に遭い、海上を彷徨い、ようやく帰宅した。この間、日数三十三日、行程六十五里、海里往復三～四十日、彼、四十八歳であった。

魯僊単なる蝦夷地遊覧でも写生旅行でもなく、町人で絵画の研究に打ち込む者には、藩外の旅など容易に実現する訳はなかった。

箱館は、安政二年（一八五五年）神奈川条約締結により、にわかに新時代の脚光をあびた。この年三月から開港して、来航した異国船の異人達の噂は、津軽海峡を隔てた対岸津軽にも様々取り沙汰された。好奇心と興味関心を持ち、時勢の動きにも敏感な魯僊は、その実際をまのあたりに見聞したいと言う念願が人一倍強かったと思われる。たまたまその事が実現するきっかけがあった。

松前の港町

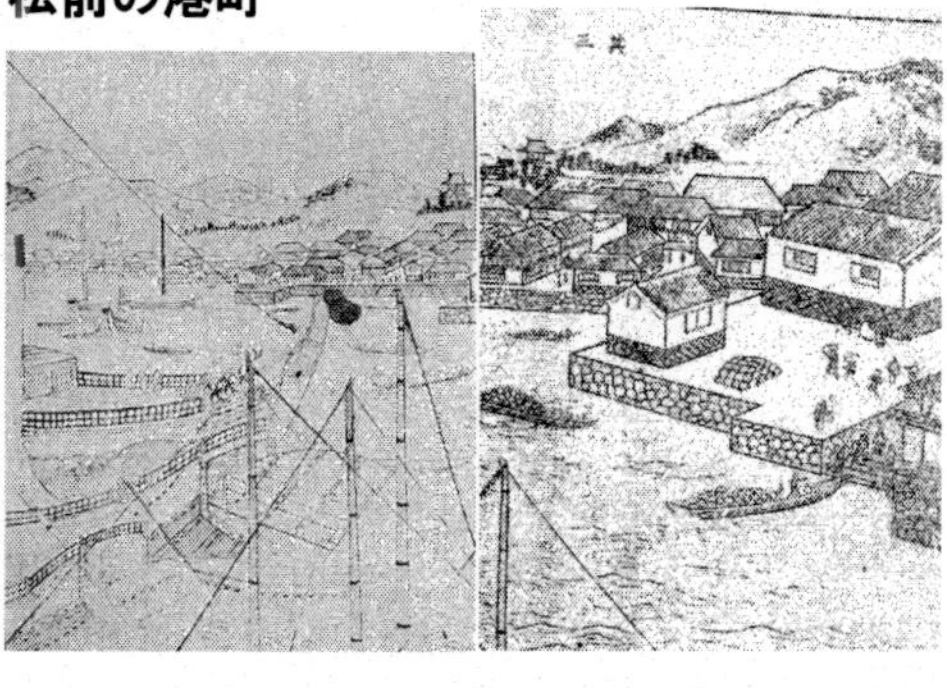

（出所）平尾魯僊著「箱館紀行」

津軽藩は蝦夷地に近接している関係上、古くから江戸幕府の命をうけ、度々蝦夷地警備に出兵していた。千代ヶ台は当時津軽藩警備の本陣であった。
魯僊は画師としての技量を買われ、本陣及び関係地区の地図作製を命ぜられての旅であったとも考えられる。

松前から箱館へ

松前上陸から箱館まで、通過した各村落や山川地勢の状況を精細に観察し、地誌、生業、風俗等に渡り、簡明に記している。文中には、多数の写生画、風俗画を並べ、異境の印象を鮮明且つ効果的にまとめている。

☆松前城下の賑わいぶりは、まず軒を並べる商家・・・瓦葺き、しっくい。家標は、ねずみ壁・・・の構えに、その富裕ぶりが現われている。

☆夜は、妓楼の繁盛を中心に、接摩の笛。蕎麦屋、人相見など町角を賑わす街風景を活写した。

☆港内に停泊する二百艘余りの船舶が帆柱を林立し、積荷を運ぶ船歌の陽気なるさまを述べ、滞在二日間とは思われない行き届いた観察ぶりを示している。

☆箱館市中の景況についても同様で、町割り社寺の様子など松前と比較して、総体的に松前に劣るが、港町の繁華はそれに劣らずと述べて外観のみでなく、経済の動向にも関心を寄せている。
☆松前では大火のあと、建築ばやりで大工の賃金が急騰し、箱館では伝馬の駄賃、旅籠賃通関切手代等にわたり、見聞を書き留めている。

人々の習俗

巡歴した村落での見聞も、好奇心、探究心がうかがわれる。尻内峠では、茶店の主人ら坂の名、川の名、川の流れ、祠業の由来なども聞き出す。尻内では、サントリ、ドウゲ、山ゴボウ、シャク菜等、野生の草木のこと、熊の出没の話、脇木の丸木舟、鼻曲がりの鮭の話。茂辺地では漂着神のいわれなど、さりげない土地の伝承にまで興味を持って記録している。
☆七夕祭りや盆行事など津軽のそれと比較しながら述べている。七夕では町の寺子屋中心に子供達が、額灯籠を作って市中を運行し、七日に海上に流す。盆の法要のあと、近くに住む和人と蝦夷アイヌが墓前の供物の赤飯などを集めて持ち帰るという。いわゆる和人とアイヌの日常の交わりが知られる。
☆餅つきは、賑やかな囃子につれて曲つきをする。南部衆が大黒

餅つき

（出所）平尾魯僊著「箱館紀行」

舞で家々を訪れる。
☆正月の年始礼の様や春彼岸から四月八日まで、鰊の群来に備え、寺鐘をつかぬ事。祭の日には、バクチが公認されることなど興味深い。
☆男女の仕事着の事、結城の縞木綿に肩と裾の部分にアイヌ模様を刺繍し、アツシ仕立している記事など、和人・アイヌの生活文化が交流され「烏賊を乾かす図」にもアツシを着て作業する姿が描かれている。
☆本州各地から移住者がもたらした様々な要素が各習俗に定着して、蝦夷地独特の風習に形成された貴重な記録である。
☆行政に対しては、松前の渡海者取り調べの役人の高慢な態度、年寄りの扱い方をおろそかにする憤り、異国船対策に狼狽する役人の無策ぶりや臆病には、すこぶる痛烈である。反面、竹内下野守の善政に対して賞讃している。事の善悪について、為政者に対して憚らず、極めて潔癖な心情がうかがわれる。
☆幕末の騒然とした世情の中にあって、異国船の出入りという国際的な役割を負わされた蝦夷地の港町が、また民衆のたくまし

（出所）平尾魯僊著「箱館紀行」

い力で、新天地の生活文化を築き上げていく実情を優れた客観描写で記録したのである。

3 「洋夷茗話」について

魯僊が蝦夷地帯にいた時、箱館に入港していた異国船は、北アメリカ、イギリス、フランス、ドイツの四ヶ国の八船（うち蒸気船は、はじめ一船、のち二船）である。乗組員は時に三〜四〇人ずつ、または、五〜六〇人ずつ合計二〜三〇〇人ばかり日々上陸して、箱館市中及び近郊の亀田村、有川村あたりを往来した。しかも治安はすこぶるよく、異国兵と住民と互いによく馴れて、肩がすり合っても反目することもない。魯遷は目前に異国人を見て、その風貌、服装、言語、行動などを観察したほか、異国係の豪商、山田屋の番頭忠七から様々な異国人の知識を聞き出した。寺院の住職の話や、市井の話も一々書き留めるなど、好奇心と熱心な探究心がこれらの見聞を筆にのせた。彼の得意の画筆による挿絵を多数添えて、異彩を放った書となっている。

葬儀

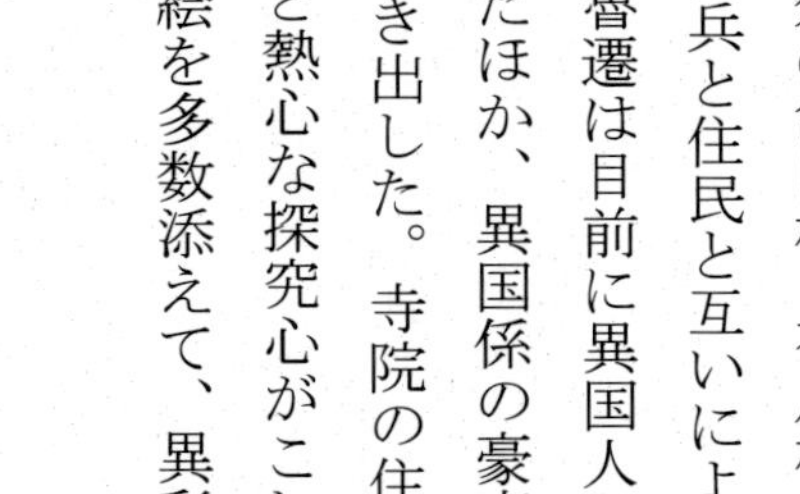

（出所）平尾魯僊著「箱館紀行」

異人のエピソード

☆人種的特徴を身長、面相をはじめ眼の色について「茶色なるは天狗の如く、赤きものは兎の如く、黄なるものは黄疸やみの如く、真黒なるは鼠の如し」という比喩が面白い。

☆鼻の高い者を「木の削れる如く」と言い、口は「俗に言うアンペンロ」即ち津軽ではアベグチ（うけぐちのこと）が多い。

☆英、仏の髪型は「髪は短く」坊主の月代延べたること見苦しい。外に疱瘡の痕。片目、火傷の者が目につくことをあげ、異国人は「生臭くして近寄るに耐えず」と結んでいる。

☆衣服についても軍服、着帯、冠り物、釼、沓など。軍服の隠袋（かくしぶくろ）には火寸（ツケギ）、悦巾（テノゴヒ）、櫛、眼鏡、小刀、筆、紙、食糧など何でも入っているという。

☆食料についてもまずパン、津軽のシドキ（白米を水に浸し、柔らかくつぶし、餅状にした神供の食物に似ている。）

☆タバコの上等なのは、葉を二〜三〇枚も重ねて押圧して、これも津軽の千枚漬のようだという。

異国人の姿

（出所）平尾魯僊著「洋夷茗話」

☆酒では葡萄酒の他、焼酎の如き物があって、色は水の如く、甚だ強く、必ず水を足して飲むというのはウィスキーのことである。
☆異国の珍奇な事物は、写真機である。鏡にうつるときは「命短し」というものあり。
☆異国と我が国の習俗の相違について、病死したアメリカ官士の葬送の次第について、葬具、葬列、埋葬の有様を記している。
☆また握手の習慣を珍しとして述べている。
☆英・米上官夫妻が腕を組んで、市中を歩行する様について、「実に倫理を知らず、その淫姿、見るに目痛かるべし」とし、「親子とも見るべきにあらず」とまで批判している。

(物の用途を知らぬための笑い話)

☆どこの国にもある便器（オカワ）と知らず、頭に冠って歩いていた兵士。
☆木魚が珍しくて、十数人が買って叩いて歩き、市中に木魚が売り切れた話などいかにもありそうであると。

(言語について)

異人が日本語を覚え、『おはよう』『サイナラ』の挨拶
幼児『ユカ』（箱館、津軽南部の方言）
ノンノン（否）

タンキュウ（ありがとう）
エヤス（返事のこと）
ヲワラ（水）

十数語を覚え、一～十までの算用数字の書き方、読み方を記している。

（買い物）

米人が世界地図を示して　日本が小国と侮り、山背泊の台場で、我が国の大砲を指して笑い、日本『ホン』、アメリカ『ドボン』と強大さを誇ったという。

☆町の髪結床で髭を剃らせて、さまざま礼に来たり、米屋という絹布店へ来て、女物の衣類を六～七〇両も買いあさったアメリカ夫婦の話など、人間の一面を見せた話が多い。

（バクチ）

監察隊の眼を逃れて、バクチをうったり、酒をラッパ飲みして空き瓶を叩いて割る兵士など。

異人たちの姿

（出所）平尾魯僊著「洋夷茗話」

あとがき

菅江真澄、平尾魯僊の血と汗と遍歴の時代より二〇〇年あまりを経た今日。

文明の利器は進歩に進歩を重ねましたが、私たちが大切にしなければならないことを想い起こさせてくれます。埋もれた記憶、忘れかけていた記録を思い出させてくれる人に出会ったことを大いに感謝したいと思います。

第 5-3 章　津軽海峡を挟んだ地域の生活文化

―津軽海峡を渡ったご先祖様

青函連絡船の出発風景

高坂　りゅう子

青森県三戸村から北海道へ

明治の初め頃、日本は混迷と混乱の中にあったと言われます。函館戦争などもその時代の混乱の象徴的出来事であったと思われます。

それまで武家政治のもと、幕府や藩があり、殿様がいて統治していたのが一気に新政府に代わったのですから大変です。幕府や藩を守っていた多数の武士が行き場を失ってしまったようです。

私の先祖は青森県三戸村に住んでいましたが、祖母から、昔は武士の家系だったと聞いていますので、やはり大変な時期があったに違いありません。

古い資料を調べると、明治八年に青森県の手倉橋村に開校した小学校の教員に高坂利七の名前があります。この人が武士だったと思われます。当時は寺子屋のような民家を利用した学校であったようですが、寺子屋は主に武士がやっていたと言いますから、そのまま学校に移行して教師になった可能性が考えられます。

この小学校は、のちに五戸町立手倉橋小学校となり、昭和五十年に創立百周年を迎えたときの記念誌が手元にあります。今も学校が残っていれば、創立百四十数年になりますが残念ながら廃校になり、五戸小学校や近くの小学校と合併し、現在「南小学校」となり、続いているようです。

高坂利七は二年勤務して病死したようですが、二男三女の子供がおり、そのうちの四人が後に津軽海峡を渡って旧千代田村(現在の北斗市千代田)や旧上磯村にやってきたのです。

おそらく、長男が先に来てから三人を呼び寄せたと思いますが、兄妹だけで津軽海峡を渡り未知の土地に来て生活するのには、相当の覚悟が必要であったと思われます。このことには、明治時代初期の社会の背景や、新天地開拓への夢もあったのでしょう。

三人の兄妹の中で、二女は上磯村で漁師と結婚しましたが、長女と三女は婿を迎えて、千代田村に住み農業者となりました。この中の三女が私の祖母にあたります。

祖母のこと

私の祖母は津軽海峡を渡って移住してきた四人の兄妹の一番下で、三女でした。長女は近くから婿を迎え、農業者になりましたが、子宝に恵まれなかったため、当時小学校三年生であった三女を跡継ぎにしました。

当時、家の近くには学校がなく、旧七飯村まで通わなければならなかったと言います。あまりに遠く、子供には通学を続けることが困難なため、祖母の学歴は小学校三年生までしかありません。

祖母の姉たちは青森県の三戸村にいたときに、ある程度の教育を受けていたようで、手紙などは毛筆で書くことが多かったといいます。

祖母は新聞や私の借りてきた本などを、声を出して一生懸命読んでいたのを覚えています。

父のこと

千代田村に住んだ三女の子が私の父で、十二人の子供の長男でした。

父は三十七歳の時、支那事変が起こり中国へ出兵しました。衛生兵だったので日夜もろくにやすめず、食べることも寝ることもできないまま看病に当ったようです。ついに病魔に襲われて他界してしまいました。私が二歳の時です。

父は出征して村人に送られたとき、「支那キュウリの種を持って帰るから」と言ったそうです。その頃父が住んでいた千代田周辺では新しい野菜としてトマトやキャベツなど北海道ではまだ作られていなかった野菜を作りたいと考えいろいろ試行していたと言います。

父は約束がかなえられずさぞ無念だったと思いますが、私はこのことがあってから七十年経った最近になって、中国のキュウリの種を手に入れ、育てることが出来ました。

日本のキュウリより大きく、皮も硬くてしっかりしたキュウリでした。苗を近所や従兄弟たちにも分けてあげ、実が大きくなったキュウリはまず仏壇の父に供えました。

私が中国のキュウリの種を手に入れたのは本当に偶然でした。

それは私がホームステイを受け入れている関係で、中国からの学生と出会い、しかも彼の実家が農業者であったことがきっかけでした。

父は六年生までしか学校に通っていなかったようですが、あとは独学で働きながら勉強したと聞きました。その証拠にたくさんの書物が残っていました。農業関係の本のほか医学、文学、哲学など多岐にわたっています。デンマークの農法など外国の農法を取り入れるために一生懸命勉強した形跡も残されていました。

父は戦前、山を持っていたので、冬になると数人で山にこもって木を切り倒し、一年間の燃料を作っていました。その合間に木を細工して色々なものを作っていたようです。

山から降りてくるときは母達へのおみやげに、へらやくけ台、小鉢などいろいろなものを持ってきました。母の残した、くけ台が今も手元にあります。小鉢も役立てています。

母のこと

母もまた津軽海峡の向こう側の岩手県から函館に来て、縁あって父と結婚しました。私が生まれた時、母は江戸病（今の脚気）になったと聞きました。生後百日で母乳は停止して私はミルクで育ったということです。

私が物心ついたころ、家には牛二頭、馬三頭のほか豚、鶏、アヒル、犬、猫などたくさんの動物を飼っていたのを覚えています。母はこのほかに蚕（かいこ）も育てていました。

育児、家事全般の他、多くの動物の世話もあって、母親の役割は大変なものであったと想像されます。

母は五味五色の食事を大事にしていました。五味というのは甘味、酸味、苦味、辛味、渋味のことで、五色とは赤、黄、緑、茶そして黒のことです。鮭は骨まで焼いて食べさせ、ニシンの小骨も上手に調理して食べさせてくれました。

私が留学生を受け入れるようになっても、和食の方がいいという学

手掘りの小鉢

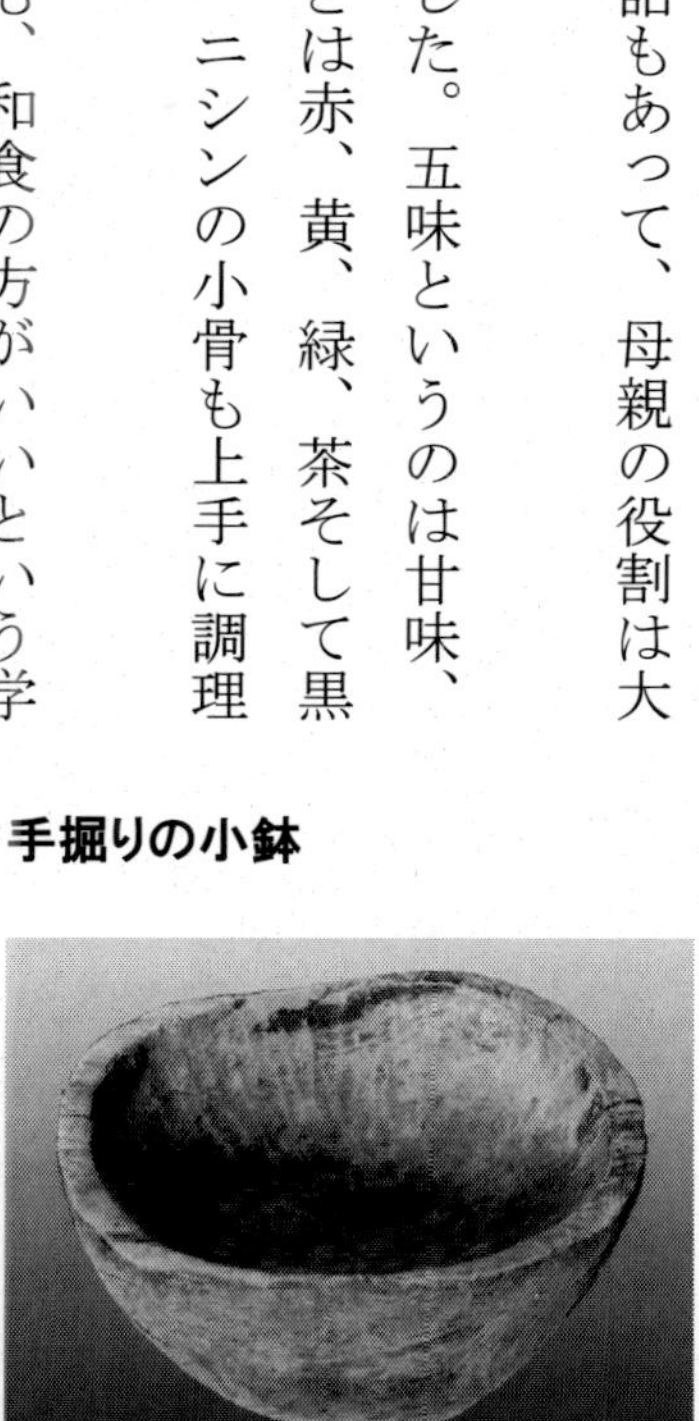

生も多く、母親の食事に対する考え方を生かすことが出来て感謝しています。

母と二人だけの生活

私が小学校に入学する前の年、母と二人だけの生活になりました。小学校の近くに転居しましたが、いつも生まれた家に帰っていました。そこは、子守をしたり食事の手伝いをしたり懐かしい想い出でいっぱいある家です。

父は「これからの時代、女も大学まで入れる時代が来るから、本人が望むならば大学教育を受けさせて欲しい。」と言い残して戦地に出たそうです。戦後になってから、母は五十年先のことを読んでいた父の話をしてくれました。

父との約束を守って私を育ててくれたことに感謝の気持ちを持っています。

母の郷里と函館連絡船

母の郷里は岩手県の伊保内村（現在の九戸郡九戸村字伊保内）です。青森県との県境に近い農村でした。私が五・六歳のころは年に数回故郷に帰っていました。

母と青函連絡船の甲板に出ると、煙突からもくもくと煙を出していたのを覚えています当時は石炭を焚いていたので多分海峡を渡るのに四時間半ぐらいかかっていたのではないかと思います。

連絡船を降りて汽車に乗り継ぐときは、青森駅のホームはとても長く、母に手を引かれながら小走りで汽車に向かったのが今も印象に残っています。

東北線を乗り継ぎ、さらにバスに乗っての旅で、随分と時間がかかりました。でも、母と一緒でしたから楽しい想い出ばかりです。

母の実家は曲がり家の農家でした。曲がり家というのは母屋と馬屋が一緒になったL字型の家で、岩手県の農家の多くが曲がり家だったと言います。

私が行くと馬屋の梁や母屋の縁側にブランコを作って歓迎してくれました。

岩手のお菓子屋さん

母の妹は岩手県軽米村でお菓子屋さんをやっていました。母と一緒に岩手の実家に帰ったとき、叔母のところにも寄りました。

私たちが行くと、五平餅やくるみ餅、あめを一緒に作らせてくれました。おいしいおやつもたくさんあるので、私は叔母のところを訪問するのが大きな楽しみでした。

叔母は、北海道にもよく送ってくれていたので、いつしか岩手の餅やお菓子の味が私の脳裏に懐かしい味として残っているように思います。

私は今「やすらぎの家」という施設を作って知的障害者への支援を行なっていますが、農作業や染色、木工作業などとともに料理やお菓子作り、食事会などもやっています。

そんなとき、くるみ餅など岩手で作ったものをよく作ります。ボランティアなどで手伝ってくれている方々にも好評で、「おいしい！」と言ってくれます。

今も私の食生活は母や祖母と一緒の時代の食べ方が多いように思いますが、母や祖母の生まれ故郷である岩手や青森の味に対する考え方が染みついているのかもしれません。

私の家の食事

私の家は大家族でしたので、三度の食事を毎食十人分以上作る祖母と末娘の叔母は大変だったと思います。朝夕の二度、大きなつば釜でご飯を炊き、大きなお櫃（ひつ）に移し、お焦げは塩むすびにしてくれました。その時の味は今も忘れられません。

祖母や母がよく作っていた凍（し）み大根や凍み豆腐があります。厳寒期に外で大根をつるしたり、豆腐を切って並べたりして凍らせて保存し、いろいろな料理に使っていました。生の物や単に干した物とは異なる風味があり、私は大好きでした。

また、祖母は干し餅もよく作っていました。干し餅は、つきたての餅に砂糖や塩、ゴマなどいろいろな味をつけ、一気に凍らせて作ります。サクサクした独特の食感になります。

また、そば、ひえ、あわなどの穀物もよく食べました。これらを石臼で挽いて粉にし、餅や串だんご等いろいろなものを作っていました。「かっけ」と言ってそば粉をこねて、薄く伸ばし、それを小さく切って豆腐などと煮て食べる汁物もよく作っていました。汁ものと言えば、鰯をすり鉢ですって作る「つみれ汁」も美味です。私は最近になってこれらが、どの地方の食べ物なのかを調べてみたら、みんな岩手や青森の郷土料理であることがわかりました。

味噌、納豆、漬物、干物、鮭の燻製、身欠きにしん等々、ほとんど手作りでした。こうした食べ物を作るにあたっても、東北のそれぞれの地方の味が、この地域にも持ち込まれたように思います。

私の家族のひとこま

青森県生まれの祖母と岩手生まれの母、そして二人とずっと一緒だった叔父、叔母、叔父の子供などもおり、共同の父との生活ですから、我が家は賑やかでした。

家の中では当然のごとく青森弁や岩手弁が飛び交っていました。青森県には津軽弁と南部弁があると言われていますが、祖母のいた現在の五戸地方は南部弁なのでしょう。どう違うのかよくわかりません。

母方の岩手弁の方は青森弁に比べ、穏やかな感じの方言でした。母が岩手県の実家に帰った時、「言葉が荒くなった」と言われるらしいですが、千代田の我が家で暮らしているうちに青森弁にも馴染んでしまったのでしょう。

ここで、我が家のなかでの会話の一部を載せてみます。

お客さんが来たとき、食べ物を勧めるときはこういいます。

「これけい　めが?」(祖母・青森弁)　「めが?」は「美味しいかい?」です。

「おあかりなさい。おいしゅすか?　おかわりしんなんせい!」(母・岩手弁)

「どうぞ食べてください。」は「け!」(祖母)、「おあかりなさい!」(母)

「あなたのお父さん、お母さんは元気かい?」は　「おめだの　とっちゃ、かっちゃ　げんきだが?」(祖母)、　「おめほの　だだとあっぱ　まめすくてあんすたか?」(母)

という感じです。とにかく青森弁は短くてアクセントがはっきりしていますが、岩手弁は丁寧で女性的な感じがします。こういう言葉がミックスされて家の中を飛び交っているので、標準語を使っているところから我が家に入ったら、外国にいる感じだったかもしれません。

私も小中学校に通っていた時は、友達との会話でつい家での言葉が出てしまい、笑われたりからかわれたりしたことが、しばしばありました。

村人と移住農家の関係

「新大野町史」によると、明治四年の千代田村の戸数は二十三戸で人口は百四十九人でした。それが明治二十一年には戸数が七十戸で、人口は三百五十人（一戸あたり五人で推測）となりました。そのうち移住農家は三十四戸と言いますから約半数です。明治時代の千代田村は、移住農家によって発展したと言って過言でないのではと思います。移住者は主に東北地方と越後の人が多かったようです。

当時の千代田村や大野村のことは、開拓功労者である藤田市五郎翁が克明に記録していたと言います。

資料によると、藤田翁は慶応元年（一八六五年）に千代田西川原で生まれ、幼少時、米沢藩の漢学者・松本新平の門下生として学問を志しました。温厚な人柄で多くの公職につき、住民の信望も厚く、開拓精神に富み、農業発展の基礎づくりに励んだとされています。

二十歳の時、東大農学部での西洋野菜栽培の勉強のために上京しました。明治四十四年（一九一一年）には、トマトケチャップの製造法に取り組み、ピューレー（ケチャップの原料）の製造に成功して函館のレストラン「五島軒」に納入するようになったといわれています。

大学で学んだ知見を生かし、温室も作り、当時としては珍しい西洋野菜の栽培に取り組んでいます。

このほか、村会議員や農業委員などの公職について村人の相談役にもなり、移住民との土地分割問題などの調整にも取り組んだと言われています。

藤田翁が書いたという文章によると、『移住民移住当初は、円満を欠くものなきあたわざりしも、暫時一致互助の美風を生じたり』とあります。遠い昔の先祖のことですが、何かホッとするような一文です。千代田稲荷神社には藤田翁の功績を讃え「藤田翁頌徳碑」が建てられています。千代田村は明治三十二年に六つの村が統合され、大野村は字千代田になりました。昭和三十二年には町制施行で大野町字千代田になっています。そして現在は北斗市になりました。

千代田稲荷神社

「我が町」の発展の陰には、津軽海峡を船で越えて未開の北国に移住してきた人たちの血のにじむような、苦難と努力がありました。
千代田には、街並みを縦断するように北海道新幹線の高架橋が通っています。

私の祖先や、この地の開拓に当った多くの先人の方たちは、目の前を高速で走る新幹線の様子を見たら何というでしょう。「たまげだなあ！」ぐらいしか声が出ないかもしれません。

拙文を書くにあたって、改めて我が家の先祖の姿や、私の郷土の開拓に当った方々に思いを馳せることが出来たのは幸いでした。

むすびに

年号が変わるこの年に、私はこれからも人の和を大切に、住んでいる言葉や習慣が違っても、美味しい物を食べたり、音楽を聴いたり、自然の草花を見ると笑顔になります。地域、社会の第一次産業を大切に、海の恵み、山の恵み、川の恵み、そして大地の恵みを大切に、感謝の心を持って生きていきたいと思っています。

良き伝統を大切に、世界の平和を祈り、結びとします。

新幹線の高架

第6章 津軽海峡・広域観光圏

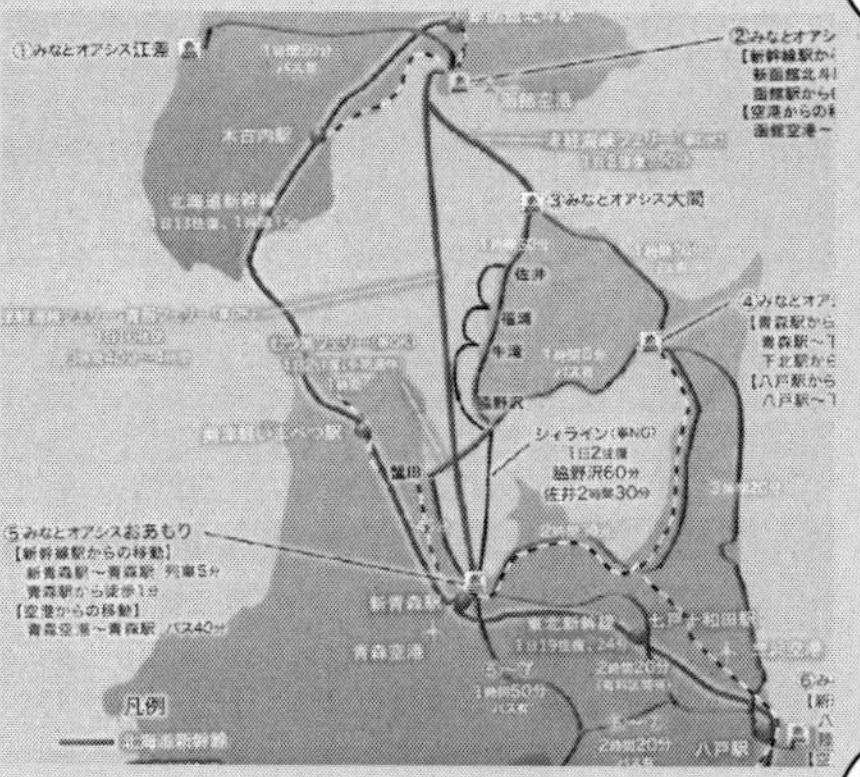

「青函圏・みなとオアシス」ガイドブックより

編集部

「津軽海峡圏」構想を現実化していくにあたって、北海道道南地域と北東北地域を含んだ広域観光を推進することはすぐに開始でき、その効果も大きな現実的テーマである。

特に、これからも増加することが期待される訪日外国人観光客をターゲットとした場合，この地域の持つ魅力は絶大である。この取り組みは現在でも始められているが、それをもっと戦略的に展開することが求められている。（注1）

1 外国人観光客の増加

日本では二〇〇三年から「ビジットジャパン」運動が唱えられてきた。初めのうちは、その効果はあまり大きくなかったが、ここ数年はめざましい動きが現われ、二〇一六年には訪日外国人数が二〇〇〇万人を超え、二〇一八年には三〇〇〇万人を超えた。（図表6-1）

（注1）エコハ出版『観光マーケティングの理論と実践』では広域観光の重要性を論じている。

二〇二〇年には東京オリンピック・パラリンピックなどもあるので、政府はその目標を四〇〇〇万人にまで引き上げている。

そこで問題は、日本を訪れる人々に何を、どのように観てもらいたいのかである。そこで浮上するのが、津軽海峡を挟んだ両地域のスケールの大きな自然・風土・歴史・文化の魅力である。

その点ではこの地域には早くから開港都市として独特の雰囲気を持つ函館、森・湖・温泉などのスケールの大きな自然景観を持つ青森、昔からの城下町の雰囲気を残す松前、弘前などの資源が多くある。それらをもっと外国人向けに効果的に編集してアピールすることが求められる。その点では最近発行された観光情報誌TUGが、函館、青森、弘前、八戸の四市連携のもとで共通の観光情報を発信し始めたことは評価できる。それらをベースにしてインターネットを含めて、外国人向けの情報発信を推し進めることが重要である。できればもっと新しいホットな情報を発信で

図表 6-1 -1 外国人観光客数の推移

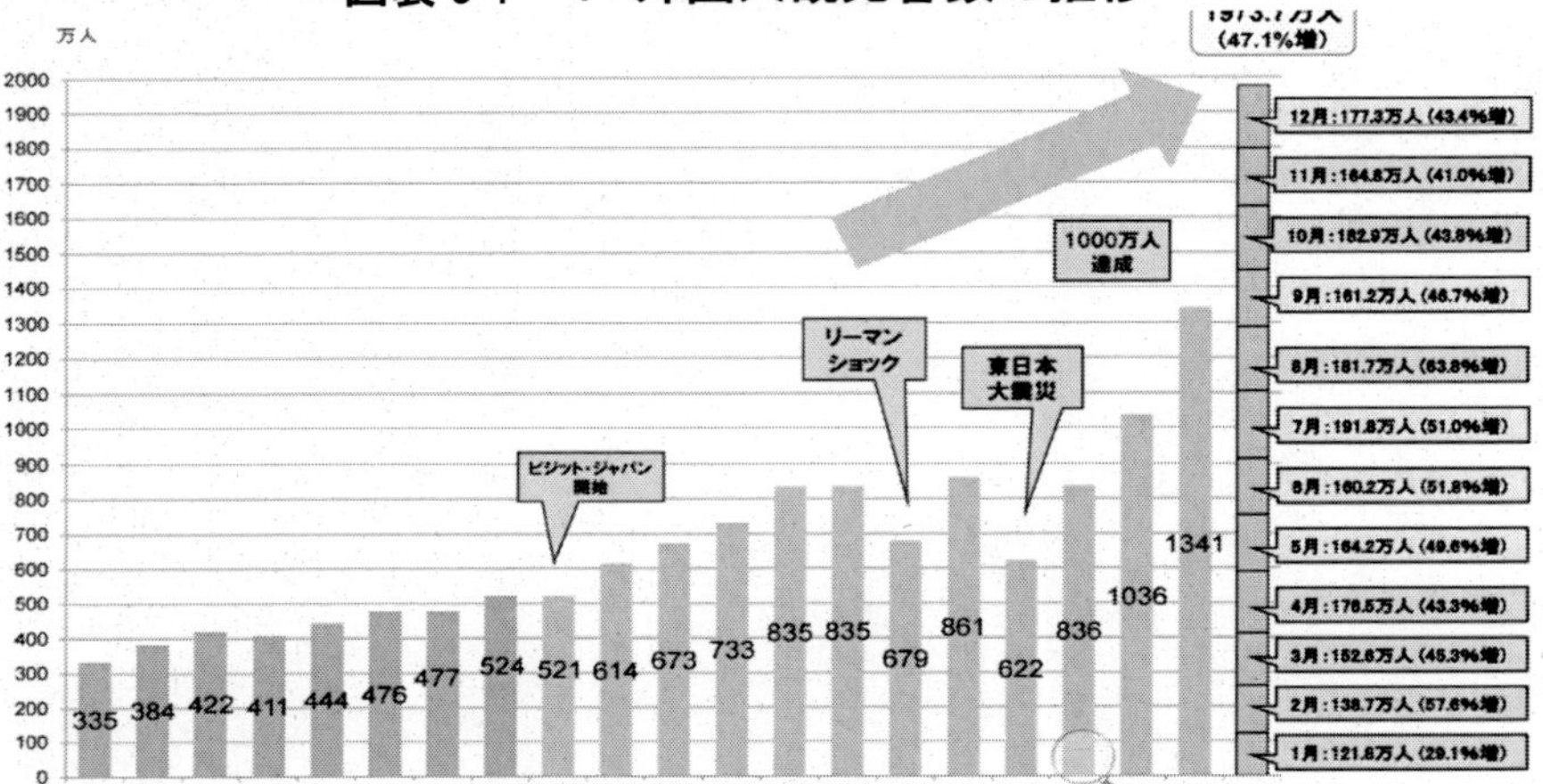

注）2014年以前の値は確定値、2015年1月～10月の値は暫定値、2015年11月～12月の値は推計値、%は対前年(2014年)比

出典：JNTO（日本政府観光局）

きる基地が欲しいものである。

2　縄文遺跡群を通して日本文化の源流を発信

第3章でもみたように、この地域は一万年も続いた縄文の遺跡が多数存在している。現在これを世界遺産に登録しようとの動きがある。もしこれが実現すれば、この地域の広域観光圏の柱となる大きな出来事となる。

ここで広域観光の視点から見てレその特徴を要約しておこう。

① この地域には縄文一万年の歩みを代表する遺跡群がある。特に中期から後期の全盛期は、地球が温暖だったこともあり、この地域が縄文世界の中心だった。

② 縄文の時代は一万年も続いたが、自然への畏敬、自然との共生、平等と平和など日本文化の源流とも言える内容が含まれている。ある意味で「現代文明へのアンチテーゼ」ともいえる。

③ 今、世界ではその先行きが見えにくくなっており、自然破壊、各国の利害対立、自己中心主義などがはびこっているが、それらを反省するきっかけとしてそのメッセージを発信する意義は大きい。

④ 日本を訪れる外国人に対して、日本文化を正しく理解してもらうきっかけとして、縄文文化が現在どのような形で伝わっているかを感じてもらう良い機会となりうる。

⑤ それを魅力的に伝えるには、情報発信のあり方を根本的に考える必要があるが、もっと重要なことは、住民自身が自己の文化に誇りを持っていることが前提である。教育の問題を含めてするべきことが多い。

この縄文遺跡群を国際的視点で見直し、当地域の広域観光の柱にしようとの動きが始まっているが、それにあたっては交通体系の見直し、情報発信のあり方など検討すべき課題は多い。

特に縄文遺跡群をめぐる二次交通は今のところは不十分である。主要な縄文遺跡に他の観光スポットを加えたゴールデンルートを開発すべきだと考えられる。情報発信も単なる遺跡の紹介ではなく、それが現在の日本人もしくは地域の人々の生活や考え方とどのようにつながっているかを理解できるように考えるべきだと思われる。日本の観光客だけでなく外国からの観光客にもそれがうまく伝わるような工夫が必要である。

両地域の精神的共通基盤を確かめるため、縄文遺跡群の世界遺産に登録されるのは、大いにインパクトがある。しかし、それを名前だけのものとしないためには、これを広域観光のゴールデンルートとして活用する体制をつくることが求められる。

ゴールデンルートとしては、秋田の伊勢堂岱遺跡、大湯遺跡、青森の三内丸山遺跡、北海道の大船遺跡があるが、いざこれを巡ろうとすると、交通の便が悪く、それらを巡ったところで、縄文の世界が、全体的に理解できるようになっているとは言えないのが現状である。これらを関連づけ、一体的な運営をすることが緊急に求められている。

図表6－2　縄文遺跡のゴールデンルート

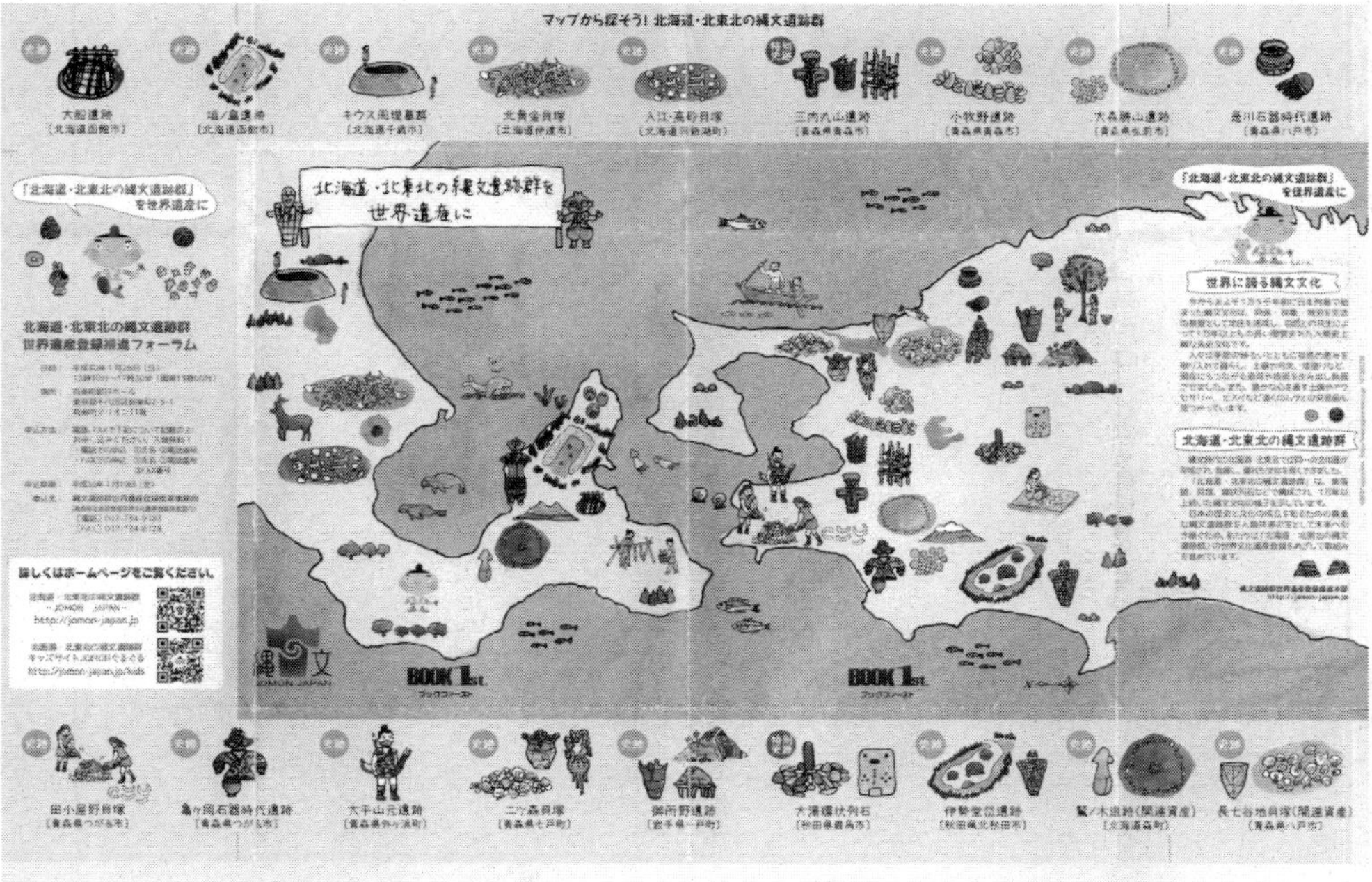

3　四季折々の自然・まつり・温泉

北海道道南と北東北という範囲でとらえると、スケールの大きな自然・まつり・温泉・グルメ等の魅力がある。（図表6-2）これらをバラバラではなく、ストーリーを持たせて情報発信することが求められている。

自然・まつり

この地域の四季は、メリハリのきいた景観やまつりが楽しめる。

春には、青森県弘前や北海

図表 6-3　四季の行事・まつりカレンダー

	北東北地域		北海道道南地域	
春	弘前さくらまつり	4/23～5/3	箱館五稜郭祭	5/中旬
3～5月	りんご花まつり	5/6～5/13	松前さくらまつり	4/下旬～5/中旬
夏	八戸七夕まつり	7/13～7/16	函館港まつり	8/1～8/5
6～8月	八戸三社大祭	7/31～8/4	函館国際民族芸術祭	8/上旬～8/中旬
	青森ねぶた祭	8/1～8/7	はこだて国際科学祭	8/18～26
	弘前ねぷた祭	8/1～8/7		
	五所川原立佞武多	8/4～8/6		
	三沢まつり	8/23～8/26		
秋	みさわ港まつり	9/2	函館グルメサーカス	9/8～9/9
9～11月	十和田国境祭	9/7～9/8	上の国町産業祭	10/7
	はちのへ菊まつり	10/13～11/4		
	弘前城菊と紅葉まつり	10/下旬～11/上旬		
冬	青森灯りと紙のページェント	12/1～3/31	はこだてイルミネーション	12/1～2/28
12～2月	八戸えんぶり	2/17～2/20	五稜郭星の夢	12/1～2/28
	青森雪灯りまつり	2/上旬	寒中みそぎ祭	1/13～1/15

（出所）各種パンフレットより

道・松前・函館などの桜が見事であり、それに合せたまつりも多くある。

夏には、港が賑やかになり、函館の港まつりをはじめ、各港でのイベントも多くなる。また八月には青森・五所川原のねぶたまつり、さらに東北各地のまつりがずらりと並んでいる。後に述べる温泉と組み合わせて、東北まつり巡りをするのもおすすめである。

秋には、青森・十和田をはじめとする各地の紅葉が見事である。きのこ等の山菜食べ歩きをするのも乙である。

冬は厳しい寒さと雪のため、観光のシーズンオフだとも言われているが、例えば東南アジアの人々は雪を求めてこの地を訪れることも多い。この時期のイベントとしては、函館のクリスマスファンタジー、青森の雪灯りまつり等も増えてきており、別の楽しみも期待できる。

温泉

宿泊としては、近代的な大型ホテルもいいが、各地に点在している温泉を利用すれば趣が深い。

この地域には東日本火山帯の一部・鳥海火山帯が走っていて、津軽半島から北海道の渡島半島にまで達しており、多種類の温泉が湧き出している。

この温泉を巡る旅は、古くから日本人の慣習のものであったが、今これが見直されてきている。自然を堪能しながらゆっくりと寛ぎ、地域の郷土料理を楽しめるという趣のあるものだ。

このことについては先述の「新時代における津軽海峡交流圏」の中で、谷口清和さんが「津軽海峡圏の温泉観光」と題する論文を掲載し、江戸時代にこの地の温泉を巡った温泉旅行の基とも言われる菅江真澄の足どりをたどっている。(図表6—3)

その中には津軽半島のしゃりき温泉、竜泊温泉、龍飛岬温泉、平舘不老不死温泉、湯の沢温泉、下北半島の恐山温泉、薬研温泉、下風呂温泉、大間温泉、松前半島の松前温泉、温泉、おとべ温泉、平田内温泉、見市温泉、八雲温泉、貝取澗温泉、亀田半島の谷地頭温泉、湯ノ川温泉、御崎温泉、恵山温泉、水無海浜温泉、鹿部温泉、流山温泉、濁川温泉、桜の温泉、二股ラジウム温泉等多数が含まれている。

津軽海峡圏 ：半島別掲載温泉地 一覧

津軽半島

温 泉 名	泉 質
しゃりき温泉（つがる市）	食塩泉
竜泊温泉 （中泊町）	食塩泉
龍飛岬温泉（外ヶ浜町）	(含食塩)石膏泉
平舘不老ふ死温泉（ 〃 ）	(含石膏)芒硝泉
湯の澤温泉 （ 〃 ）	(強)食塩泉

下北半島

温 泉 名	泉 質
恐山温泉 （むつ市）	(酸性)食塩硫化水素泉
薬研温泉 （ 〃 ）	(弱アルカリ性)単純温泉
下風呂温泉（風間浦村）	(酸性)食塩硫化水素泉
大間温泉 （大間町）	(含土類)食塩泉

松前半島（渡島半島）

温 泉 名	泉 質
松前温泉 （松前町）	(含芒硝)食塩泉
五厘沢温泉（江差町）	(含重曹・食塩)芒硝泉
おとべ温泉 （乙部町）	(含食塩)芒硝泉
平田内温泉（八雲町）	(弱)食塩泉
見市温泉 （ 〃 ）	(含重炭酸土類)食塩泉
八雲温泉 （ 〃 ）	(含重曹)食塩泉
貝取澗温泉（せたな町）	(含重曹)食塩泉

亀田半島（渡島半島）

温 泉 名	泉 質
谷地頭温泉（函館市）	(含重曹)食塩泉
湯の川温泉（ 〃 ）	(強)食塩泉
御崎温泉 （ 〃 ）	(含食塩)石膏泉
恵山温泉 （ 〃 ）	(酸性)明礬緑礬泉
水無海浜温泉（ 〃 ）	(含芒硝)食塩泉
鹿部温泉 （鹿部町）	食塩泉
流山温泉 （七飯町）	(含石膏)芒硝泉
濁川温泉 （森町）	単純温泉、(含硫黄)食塩泉
上の湯温泉 （八雲町）	(含芒硝)食塩泉
桜野温泉 （八雲町）	(含ホウ酸・重曹)食塩泉
奥美利河温泉 （今金町）	単純温泉
二股ラジウム温泉（長万部）	(含塩化土類)食塩泉

※本稿の施設名・泉質等は調査時のものなので、参考とし、お出かけの場合、最新の情報を確認されたい。

それぞれは地域の人々から親しまれているものだが、今のところは広域観光ルートには上手く組み込まれていないものもある。国際的視点をも入れて、これらをきちんと位置づければ、大きな観光資源となるであろう。

その際日本での入浴マナーを世界のだれにでもわかりやすく説明する案内書を準備するのは当然のこととして、温泉が日本人の生活文化そのものであり、含有ミネラルによる健康法について伝え、食やサービスの提供の仕方、景観や宿泊全体の雰囲気と密接にかかわっていることを伝えたいものである。

4　津軽海峡みなと巡り

みなとオアシス

国土交通省は二〇一三年頃より港の新しい機能として観光を位置づけるようになり、その具体策として「みなとオアシス」の認定を始めている。

みなとオアシスとは地域住民の交流や観光の振興を通じた、地域の活性化に資する「港を核とするまちづくり」を促進するため、認定するものである。

みなとオアシスガイド

津軽海峡に面した港としては図表6−5でてくる七港があり、それぞれ整備が進んでいるので、これを組み込んだ広域観光も魅力あるものとして位置づけてよいと思われる。
港には各地域の魅力を満喫出来る施設やイベント集中させ、それらを巡る旅自体が楽しめるよう演出するのである。二〇一八年に発行された周遊観光ガイドブッでは、各港の見所、グルメ、土産物、交通アクセス等解りやすく提示されており、新しい取り組みとして評価できる。

みなとオアシス
シンボルマーク

図表 6-5　津軽海峡のみなとオアシス

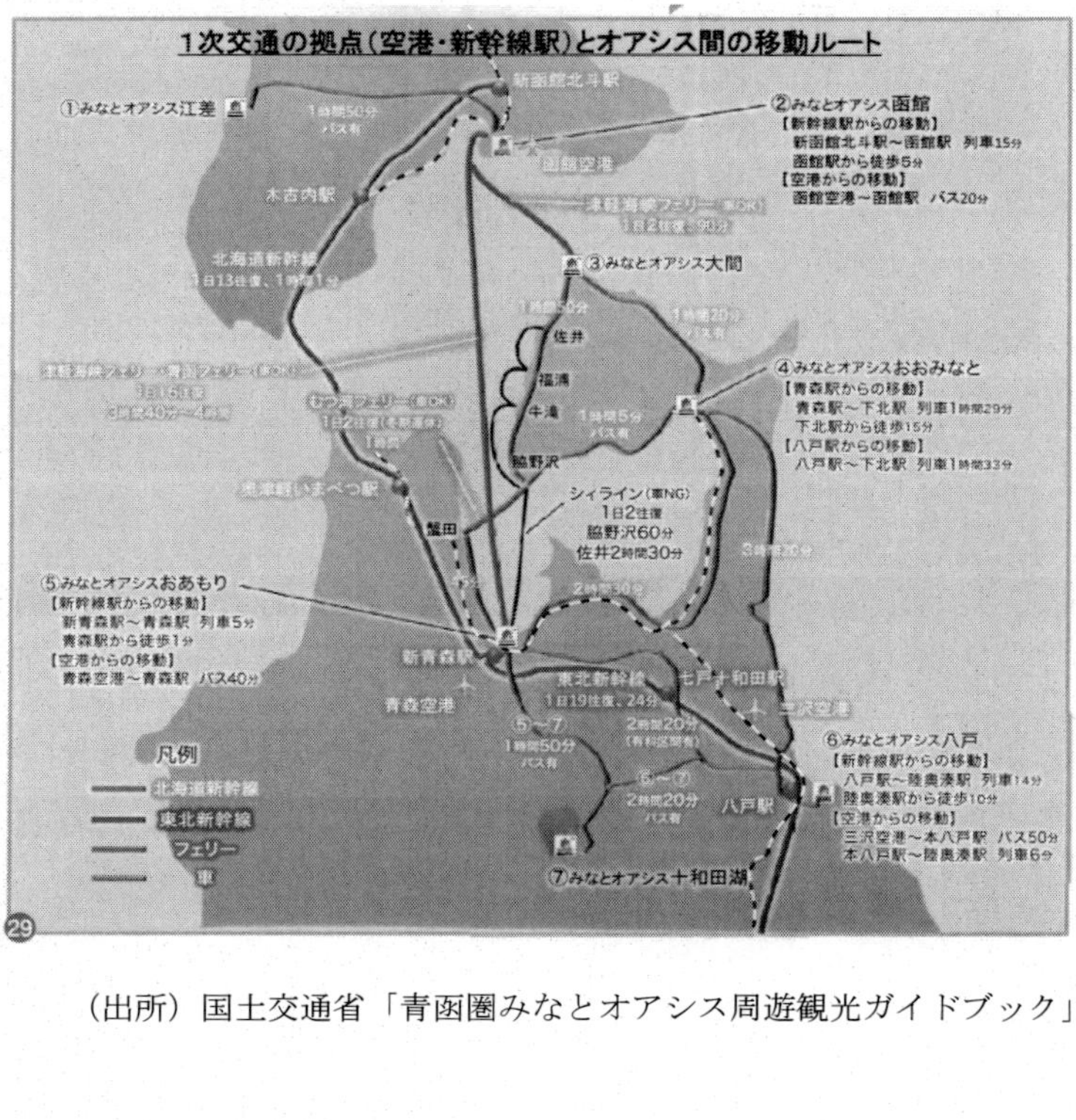

（出所）国土交通省「青函圏みなとオアシス周遊観光ガイドブック」

クルーズ船

津軽海峡の魅力を満喫するにあたっては、やはり船により各港に行けるようにすることが、理想である。

現在は函館・青森、函館・大間を結ぶフェリーが中心であるが、もっと小型でいいし、便数も少しで良いから、津軽海峡の港を巡るクルーズ船が出来ないかというのが、大きな期待である。

このことについてはエコハ出版の『新しい港町文化とまちづくり』の中で、その可能性を検討すべきであると提案している。

（渡島半島～西廻りコースとしての観光）

知内町・木古内町・当別・北斗市・松前町・江差町・

（渡島半島～東廻りコースとしての観光）

函館下海岸沿い・大沼・森町周辺・七飯町周辺

（根津静江）

5　異業種の連携・ネットワーク

訪日外国人を含めて多くの観光客に、この地域を繰り返して訪れてもらい、長く滞在してもらうためには「観光マーケティング」の考え方とその実践が必要である。

この地域については、二〇一八年に津軽海峡観光交流圏として、函館市、青森市、弘前市、八戸市の四市連携が実現しており、その活動のひとつとして情報誌TUGが発行されるようになっている。この様な情報の共同発信は以前

青函圏観光都市会議のガイドブック

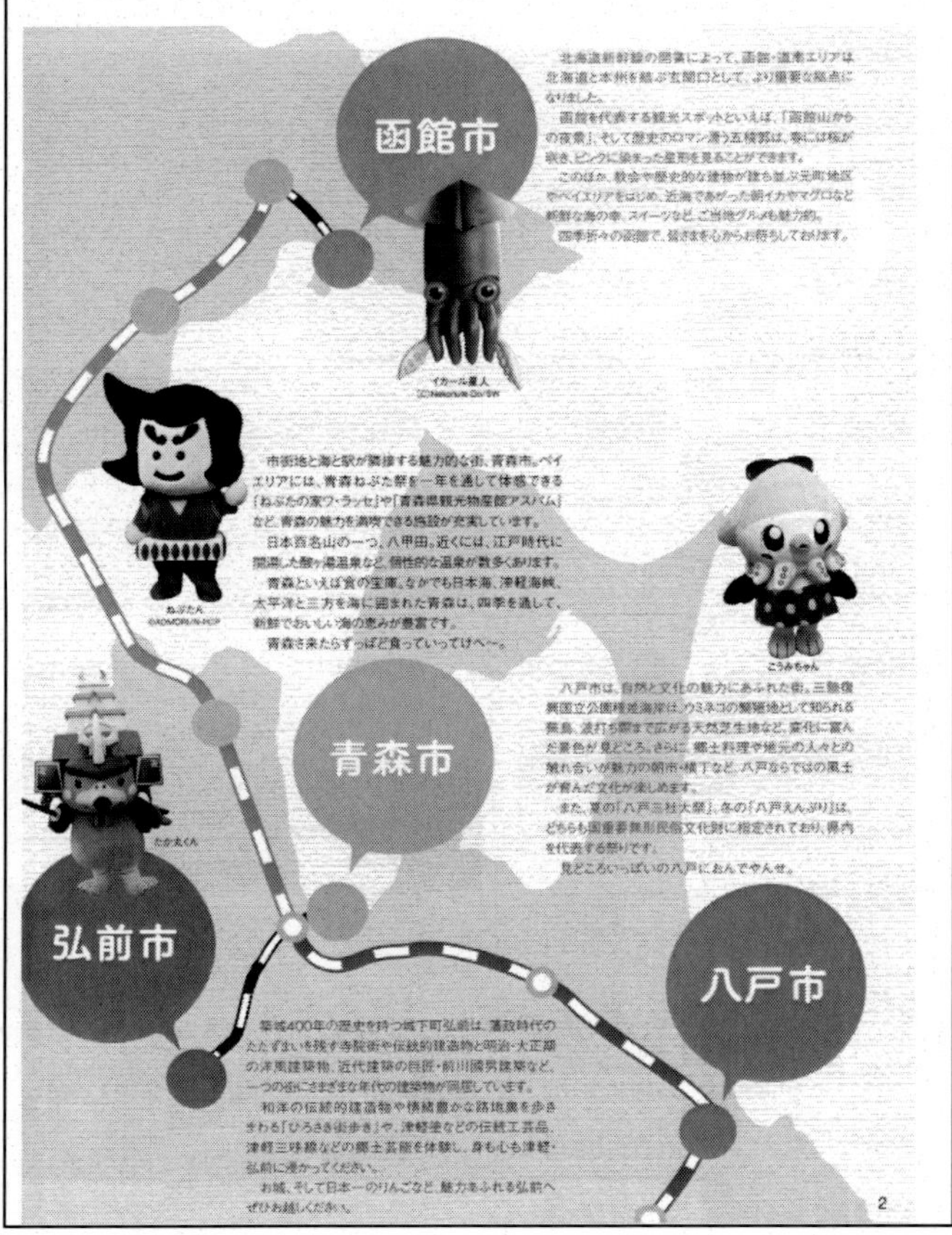

から求められていたものであるが、ようやく実現したことは極めて有意義である。

今後は、この活動をベースにコンテンツについて深みのある研究を行ない、そこに物語をつけてホットな形で情報発信していく仕組みを作ると良いと思われる。

もうひとつ、評価できるのは、この企画の中に交通のアクセスとして、フェリーとレンタカーの連携が含まれている点である。津軽海峡をフェリーで移動し、到着地でレンタカーを利用する場合、割引料金が設定されるというものである。

フェリーだけではなく、JR、バス、宿泊機関、異業種の関係機関が連携することにより、両地域の移動や宿泊をスムーズにすることは、長期・広域観光を促進する基本的条件である。今後は特に外国人への情報発信が重要となるであろう。

津軽海峡を挟んだ広域観光としては、函館・青森の幹線フェリーだけでなく、各港を巡る水上バスやクルーズ船の投入が検討されると良いと思われる。現時点では顧客確保と維持管理の問題もあるので、定

図表 6-6　スタンプラリー

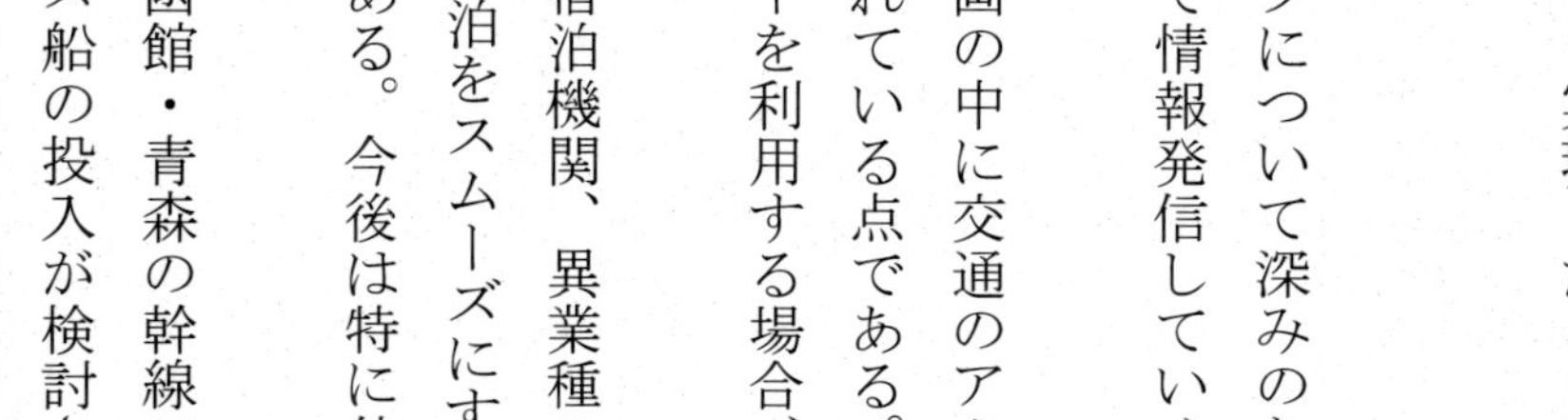

期便は無理かも知れないが、何らかの工夫により、実現できれば素晴らしいことである。

さらに、観光マーケティングの視点から言えば、そのような企画や情報発信をそれぞれ個別で行なうのではなく、継続的にそれらを担う組織をつくることも求められる。

第7章　津軽海峡圏「食の王国」

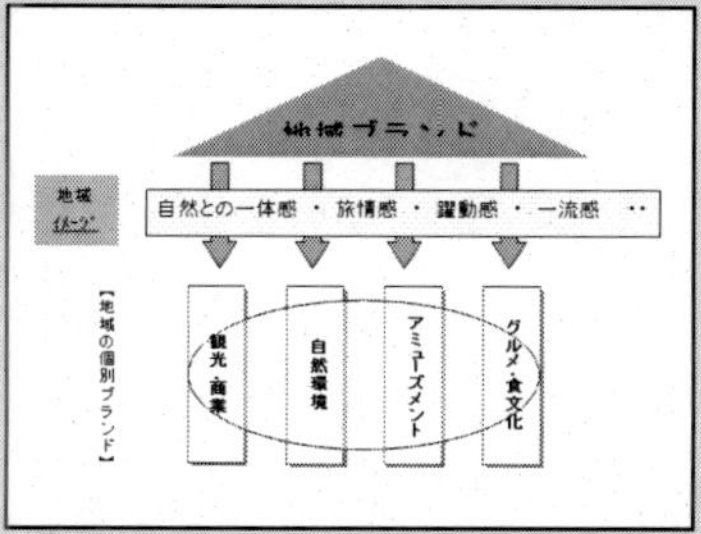

地域ブランドの構築

編集部

1　津軽海峡圏の経済規模と特徴

経済規模

津軽海峡圏を青森県と北海道道南地域に限定した場合、このエリアは、青森県四〇市町村、北海道道南地域十一市町村からなっており、面積は一八、二二二㎢である。(図表7-1)

北海道道南の人口四六万人と青森県の一三四万人をあわせると一八〇万人となる。

中核都市の函館市二九万人、青森市三〇万人、弘前市十八万人、八戸市二三万人を合せると約百万人となり、いずれにしてもかなり大きな商圏といえる。

総生産額は、合せて五兆七〇〇〇億円にのぼり、観光客数は、四五〇〇万人となっている。

これは仙台、札幌に相当する規模になり、政令指定都市の対象にもなりうる規模である。

もちろん、これはあくまで外観であって、問題はその内容が有機的・立体的になっているかということが課題が多い。

それを何とか内容のあるものにしようということで、平成二十五年には、函館市、青森市、弘前市、八戸市が連携して広域観光のための取組みをはじめた。これは新幹線開通の効果を観光面から発揮しようということから始まったものだが、本来は両地域全体の経済圏拡大をも展望しているはずである。

産業構造の特徴

まず、青森県の産業構造について、総生産の業種別構成比で見ると、全国と比して製造業のウエイトが低く、その分農林水産業、建設業、政府・サービス業のウエイトが高い。製造業の中では、非鉄金属と食料品関連が高い。

図表7-1　津軽海峡圏の経済規模

区分	津軽海峡交流圏	青森県	道南地域（渡島地域＋檜山地域）
人口（万人）	175	131	44
面積（km²）	16,214	9,646	6,568
総生産（億円）	57,627	44,115	13,512
観光客数（千人）	45,576	33,961	11,615

出典：平成27年国勢調査、全国都道府県市区町村別面積調（平成27年10月1日時点）、平成25年度青森県県民経済計算、平成25年度道民経済計算、平成26年青森県観光入込客統計、平成26年度北海道観光入込客数調査報告書

<参考>

渡島地域（11市町）・・・函館市、北斗市、松前町、福島町、知内町、木古内町、七飯町、鹿部町、森町、八雲町、長万部町

檜山地域（7町）・・・・江差町、上ノ国町、厚沢部町、乙部町、奥尻町、今金町、せたな町

同じ基準ではないが、北海道道南地域の産業構造としては、第一次産業が比較的高く、特化係数としては、漁業、水産加工業、窯業・土石製品が高いのが特徴となっている。

全体としてこの両地域の産業構造の特徴を見ると次の通りである。

① 両地域とも、製造業のウエイトが低く、どちらかというと第一次産業のウエイトが高い。このことは昔から言われていたことだが、長期的に見て、大きな課題であることには違いない。

この地域の経済分析をした青森地域社会研究所の竹内慎司氏によると各地には次のような特徴があるという。

☆函館・上磯地区は「その他水産食料品製造業」のほかに「セメント製品製造業」「処理牛乳・乳飲料製造業」「その他電子部品・デバイス・電子回路製造業」がある。

☆青森地区では最多が「その他の水産食料品製造業」で「冷凍水産品製造業」「オフセット印刷業」「塩辛海蔵品製造業」があがっている。

☆津軽地区では最多が「その他事務機器製造業」「コネクタ・スイッチ・リレー製造業」「健康用機器製造業」「複写機製造業」「電器計測器製造業」がある。

☆八戸地区では「配合飼料製造業」「洋紙機械製造業」「フェロアロイ製造業」「船舶製造・修理業」「部分肉・冷凍肉製造業」「その他畜産食料品製造業」「真空装置・真空機器製造業」「水産缶詰・瓶詰製造業」「その他の水産食料品製造業」

② この地域の最も大きな特徴としては、農林業や水産業の資源が豊富で、それに関連する加工業、土産物等の卸・小売業等の「食のクラスター」が大きなウエイトを占めている。（出来れば産業関連分析による「食のクラスター」の規模を測定したいところだが、今回は割愛する。）

③ もう一つ、両地域の産業構造の特徴として、観光業の重要性がある。温泉・まつり・グルメを含めて観光のウエイトは今でも高いが、今後広域観光を含めて戦略的な施策を図る事の意義は大きい。

④ そのことと関連して、最近、青森、函館、弘前、八戸の連携が実現したが、それぞれの地域がそれぞれ特徴を持った産業構造であることも相乗効果の点から評価できる。

図表7-2　青森の産業構造（生産額）

	青森県	全国
農林水産	3.9	0.1
鉱業	0.3	0.1
製造業	34.1	20.4
建設業	7.5	5.5
電気・ガス・水道	2.5	2.7
卸売・小売	11.6	13.9
金融・保険	3.4	4.4
不動産業	12.5	11.4
運輸業	2.3	5.0
サービス業	19.3	21.0
政府・サービス	15.5	8.5
非営利サービス業	2.0	1.4

図表7-3　北海道道南の産業構造（特化係数）

	道南
農業	0.64
林業	0.66
漁業	2.50
鉱業	1.09
製造業	1.09
うち と畜・肉・酪農品	0.91
水産食料品	2.71
その他食料品	1.36
繊維	1.18
製材・家具	0.86
パルプ・紙	0.08
出版・印刷	0.59
化学製品	0.95
石油・石炭製品	0.02
窯業・土石製品	2.45
鉄鋼業	0.13
非鉄金属一次製品	0.85
金属製品	0.52
機械	1.36
そのほか	0.52
建設業	1.18
電力・ガス・水道	1.28
商業	0.88
金融・保険・不動産	0.84
運輸・通信・放送	1.01
公務	0.86
サービス業	0.97
分類不明	0.98

（出所）青森県「本件産業の現状と今後の方向性」
北海道資料

2 食のクラスター

両地域の産業として重要な観光については、第五章で見たので、もう一つのコアである「食のクラスター」について、ここでつけ加えることにする。

先述のように食は、農林・水産の一次産業だけではなく、その加工のための製造業、流通の仕組み、消費では土産品を含めて、卸・小売業、それに宿舎やレストランで提供されるグルメを含めて非常に巾が広く、経済波及効果も大きい。

ちなみに、青森県でも食関連の地域資源として、ニンニク・ゴボウ、・リンゴ・アンズ等の農産品、ヒラメ・イカ・ホタテ・シジミ・シラウオ等の水産品、豚・卵等の酪農品の他、その加工によるサバ

図表7-4 青森県の地域資源

項目	全国順位(年度)	青森県の値
にんにく収穫量	1位(27)	13,800トン
ごぼう収穫量	1位(27)	52,900トン
りんご収穫量	1位(27)	470,000トン
あんず収穫量	1位(26)	1,266トン
フサスグリ(カシスなど)収穫量	1位(26)	11トン
ヒバ蓄積量	1位(27)	12,626千㎥
ひらめ漁獲量	2位(26)	1,027トン
いか類漁獲量	2位(26)	50,528トン
ほたて貝生産量	2位(26)	63,283トン
しじみ漁獲量	2位(26)	3,350トン
しらうお漁獲量	1位(26)	519トン
豚の飼育頭数	1位(28)	4,211/戸
採卵鶏(成鶏めす)の飼養羽数	1位(28)	178千羽/戸
さば缶出荷金額	1位(26)	80億円
その他の水産缶詰・瓶詰出荷金額	2位(26)	112億円
第一次産業就業者比率(対就業者数)	1位(22)	12.7%

(出所)青森県産業の現状と今後の方向性

缶詰、冷凍品等の製造業が重要な事を指摘している。

地域毎のグルメ

食のクラスターのうち、各地域への旅先で食するグルメは、その地域ならではの魅力である。津軽海峡を挟む両地域にも多くのグルメがあるが、すぐに目につくものとしては、図表7-4のようなものがある。

ラーメンやカレーは身近なものであるが、函館の塩ラーメン、五島軒のカレーなどは、歴史的な背景を持つものだし、ウニ・イクラ・ホタテ・カキ等の海の幸を使った丼や大沼和牛などの酪農品も豊富である。農産品も各種の西洋野菜や山菜など種類の多いのが特徴で、食の豊かさでは、全国トップクラスをいくことは間違いない。

図表7−5　青森、北海道道南のグルメの例

青森	北海道道南
筋子、一夜干し	海鮮丼
ほたて	塩ラーメン
まぐろ（大間）	寿司
のっけ丼	カレー
しじみ	和牛（大沼）
ヒメマス（十和田）	うに
せんべい汁（八戸）	がごめ昆布
さば缶（八戸）	まぐろ（松前）
	松前漬（松前）
	かき（知内）
	ゴッコ（恵山）

（出所）パンフレット・資料より作成

3　地域ブランドの確立

しかし、これらはどちらかというとバラバラで、これらが地域ブランドとして確立しているかというと課題が残る。

地域活性化にあたって、「地域ブランド」が重要な事は、古くから言われており、エコハ出版でも何回かにわたってその重要性を主張してきた。

その中で「地域ブランド」とは傘のようなもので図表7-6のような循環を提示した。

すなわち、地域ブランドの構築のためには次の四項目が好循環する必要がある。

①地域全体を活かした地域資源のブランド化　②地域資源ブランド化による地域の底上げ　③地域ブランドによる地域性明確化　④地域資源のブランドを通しての地域活性化

これは思いつきで短期的な取り組みで出来るものではなく、組織的・戦略的で、長期

図表7-6　地域ブランド構築の基本構図

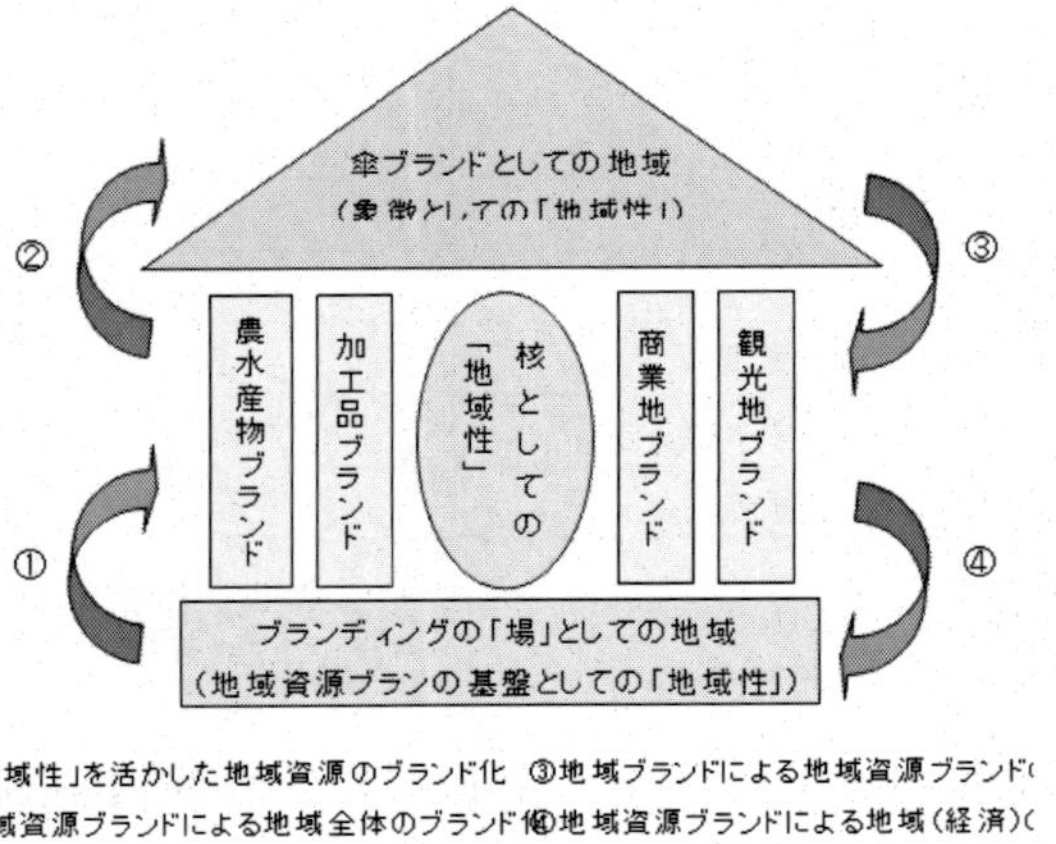

間にわたるものである。そのような意味で、「津軽海峡ブランド」が位置づけられているかというとまだまだだと言えよう。

食の王国としてのブランド化

津軽海峡を挟んだ北海道道南地域と青森を中心とする北東北は、海の幸、山の幸に恵まれており、それらを上手くコーディネートすれば「食の王国」を名乗るにふさわしい地域だと思われる。

ただし、食の豊かさについては、日本の各地域がそれぞれの特色を持ってそれを地元資源として打ち出しているので、それらとの差別化は、容易なことではない。

この地域の農水産品としては、海産物として大間のまぐろ、陸奥湾のホタテ、南茅部のコンブなどが有名であるし、森の幸として大沼の和牛、青森のりんご、にんにく・・・等が有名であるが、それぞれはバラバラで展開されており、先述の「地域ブランド」とはなっていないのが現状である。

総合的な体制づくり

地域資源のブランド化の重要性については、関係者が充分認識されているところであろうが、それが総合的となっており、上手く情報発信されているかどうかである。

地域での真剣な取り組み事例からの教訓としては、特に販売流通拠点の強化が当面の最大の課題だと思われる。

その参考としては、例えば首都圏マーケットへの展開にあたって、アンテナショップをもっと戦略的に活用する工夫があっても良さそうである。

例えば沖縄県、高知県、岩手県のようにアンテナショップと物産開発販売組織を併営もしくは連動させ、次々と新商品を開発し、売り込んでいく姿は、参考になるであろう。また後述するラムダ計画でも提案されていたような津軽海峡ブランドの為の独自のアンテナショップ構築も検討課題であろう。

アンテナショップの活用

物産展や津軽海峡圏の特産物を全国ブランドとしていくにあたって、首都圏や大都市圏に具体的な販売拠点を持つことが必要である。その際、東京にある物産展やアンテナショップを活用することが重要である。

デパート等で開かれる北海道物産展は、非常に盛況であるが、今のところ「津軽海峡を打ち出したブランドは殆ど見られないのは残念である。

また、その先行例ともなるアンテナショップ北海道等でもそんな動きは全くない。

そのような事情をみて、先述の「ラムダプロジェクト」では、青森と函館が連携したアンテナショップを作れば良いとの提案をしている。

第８章　新しい水産環境整備と津軽海峡

海洋・水産研究の先端地域へ

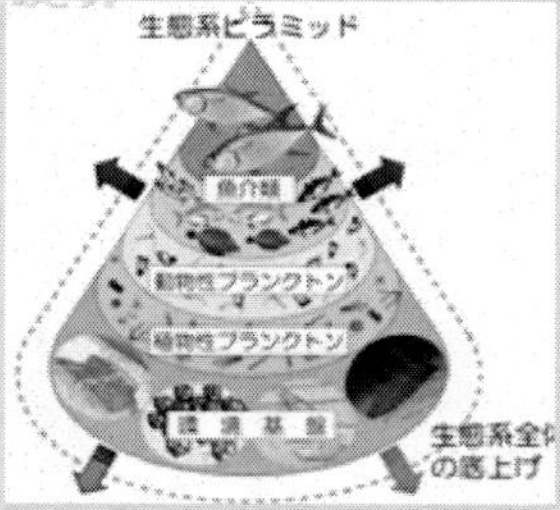

農林水産庁

上村　栄次

１　環境の変化と海峡

津軽海峡も当然に地球環境の一部である。

ＩＰＰＣ（国連気候変動に関する政府間パネル）の「海洋と雪氷圏に関する報告書」原案が、南極等の氷の減少が続いており「海の熱波」の発生頻度が増し、海水の酸素濃度が１～２％減り（一九七〇年比）現状の海の生物や生態系が対応できる範囲を超える恐れが高いと警告した（二〇一九年二月三日、北海道新聞）。

これまでの国際的、国内的な動きもあり、北海道は一次産業や生態系などの起こりうる予測をまとめ「気候変動適応方針」を策定した。道内ではジャガイモ・小麦・サケやスルメイカが減り、コメ・リンゴの適地が広がり、ブリ・マイワシの分布が広がるとした。事実、そのような事例も散見されるようになっている。

津軽海峡も自然環境の変化に対応していかなければならない。ＪＡＭＳＴＥＣ（ジャムステック＝国立研究開発法人海洋開発機構、本部・横須賀市）むつ研究所は、下北沿岸で二〇〇二年から実施している海水温調査から「同沿岸は〇、六度ほど上昇している。日本海の一〇年間では〇・二度と言われている。単純に温暖化の影響と説明するのは難しい」としている（平成三〇年十二月十七日、海洋環境モニター報告会）が、海水温度が上昇しているのは確かである。

2　環境変化への対応

環境変化には現場に立脚しながら広域的な取り組みが必要である。

マスタープラン

水産庁は、これまでの「局所的なデーターに頼らざるを得ない状況の中、昨今の気候変動による海洋環境の変化に対応するため」として、「豊かな海を育む総合対策（水産環境マスタープラン）」という新たな枠組み（制度・事業）を展開することにした。

「マスタープラン」（略）は、広域的に都道府県が策定も出来る。〝広域性〟が特徴である。承認第一号は、兵庫県、岡山県、香川県の三県が共同して策定した「播磨灘地区水産環境整備マスタープラン」である。

北海道では、他の海域もあるが「北海道津軽海峡地区水産環境整備マスタープラン」、青森県では「青森県西部海域水産環境整備マスタープラン」が承認されている。「概要」版を見ても、津軽海峡を対象海域とし、同じく津軽暖流を力強く描き、対象（魚）種もアイナメ・ソイ・ヒラメ・ヤリイカを共通して「海域全体の生産力の底上げを目指します」（北海道）としている。

海峡ではこのマスタープランに基づき、魚礁体と産卵礁・囲い礁の設置事業が実施され、**魚群の〝アパート〟や〝保育園〟**の漁場づくりがされている。

現場主義

北海道の水産行政を担う北海道水産林務部長の播宮輝雄さん（平成二十九年四月一日就任）は「現場主義」を信条にしている。

前任地の桧山管内では、地区ごとに年齢構成と漁場図をつくり、現状を〝見える化〟し、説明に取り組んだ。地元との対話と挑戦づくりで、現存漁港の静穏域

マスタープランの内容

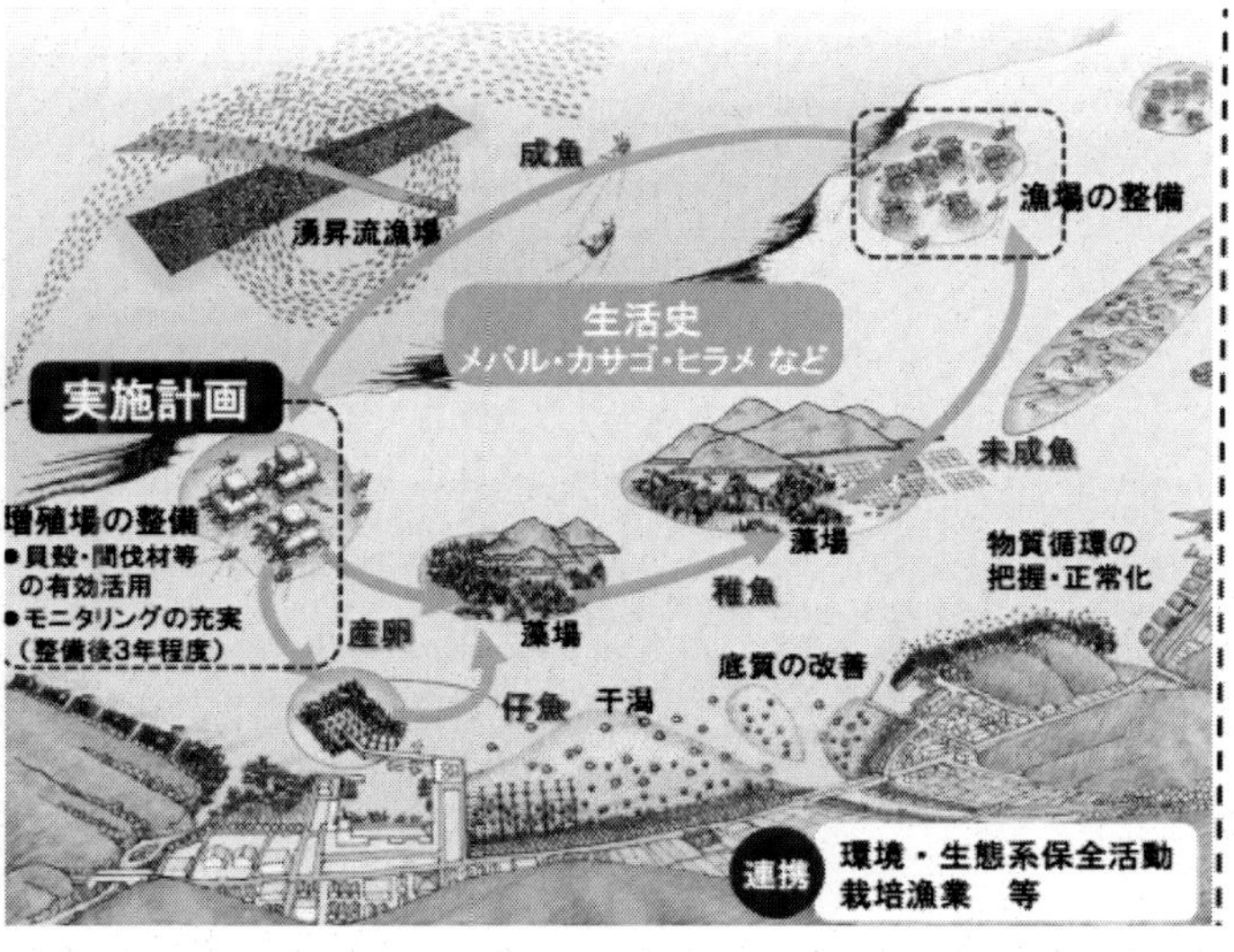

を使ってのウニやカニの養殖など新たな取組みが始まった。地元での採卵に心配もあったが、ニシンの百万尾放流が平成二十七年度にスタートし、二十九年二月には江差地区で、一〇四年ぶりにニシンの産卵の群来（くき）が起きた。江差・桧山全体が活気づいた。

七〇年ぶりの抜本見直しと言われる漁業法の一部改正が国によって進められている今も、全道に出向いて市町村の意見を聞いてまわり、「現場主義」が貫かれている。（注1）

3　海洋・水産資源の保全・育成への取組

海峡・水産資源の保全・育成に関しては技術を生かした様々な取組みも行われている。

電気式無形バリアの実験

その一つの試みとして、電気式無形バリア装置の実証実験が、函館で行なわれたことがある。

これは平成二年に北海道立技術センターと長崎大学水産学部によってなされたもの

（注１）「週刊　水産新聞」平成２９年４月10日、平成31年1月1日抜粋

で、離岸約７２０ｍ、水深約１２ｍの函館沖に光ファイバーを張り巡らし、中央部にはウニやアワビを入れ、感知センサーでヒトデなどの進入を監視するというものだった。

研究報告によると、結果としては、ヒトデの進入をくい止めることが出来たこと、電力料金もバリア１.ｍ当たり七五九円／月程度で収まることも確かめられた。

それらを実用化するには、装置の経済性、安全性の確認の為の研究の続行や漁業権の問題クリアなどの課題が大きく、現実には継続されなかったのは残念である。

しかし、技術的には、様々な可能性があるので、広義の**海洋牧場**については今後も検討を続けるに値すると思われる。

アカモクの試験養殖と事業化開始

アカモクは全世界に資源量も多く、これを粉末にすることによって、大きな需要が見込まれるのではないかと話題になっている（鈴木克也ほか著「海藻王国」エコハ出版編集、二〇一八年一月）

アカモクは北海道では未利用海藻の一つでもある。

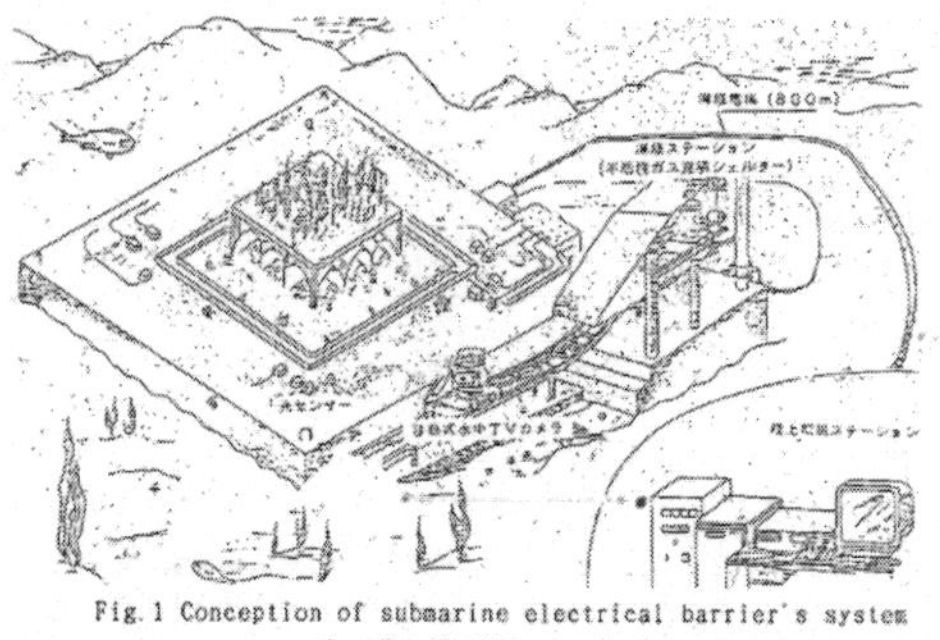

Fig.1 Conception of submarine electrical barrier's system for Sea Urchins or Abalone

北海道福島町では、函館開発建設部、町、漁協などが福島漁港内にアカモクの種苗を海中設置し、試験養殖を始めた。同町の吉岡漁港沖では、アカモクの群生が見つかっており、養殖の種の安定確保と天然ものの流通につながるものとして、関係者に期待を示している。（注２）。

北海道大学の調査によると、日本全国で採取したアカモクを分析したところ函館産が最も多く（肥満を抑えるとされる）フコサンチンを含有していたという。

函館では、「海藻活用研究会」が収穫、事業化を始めることにしている（注３）。

沖合2kmの生簀の「海峡サーモン」

むつ市大畑町の「北彩漁業生産組合・北彩屋」は、荒波と強い海流の津軽海峡で非常識と言われた沖生簀にこだわり、ニジマスを外海養殖し**「海峡サーモン」**として消費者に届けている。海峡サーモンを養殖する生簀は、沖合２㎞、水深２３ｍに設置され、ニジマスは冷水性魚類なので、海水温が１８℃以下となる十月末から翌年七月まで育て、鍛えられた身は引き締まり、ほどよい脂のりで、健康的に育てられている。

「獲る漁業～育てる漁業へ」と外界に挑み、生育・水揚げから鮮魚の加工・発送までを一貫した事業として続けている漁業者がこの津軽海峡にいる。

（注２）平成30年11月21日、北海道新聞
（注３）平成29年8月8日、日本経済新聞

津軽海峡は、〃挑戦〃の物語があり、未来を開く文化がある。

4 「遺伝子資源地図」の作成

海洋環境が変化する中で、水産資源の保全が大きな問題となっているが、その基礎となる遺伝子保全が大きな課題となっている。この問題に早くから継承を鳴らしているのは元北海道大学教授の山﨑文雄さんである。山﨑氏はエコハ出版の『生きものから学ぶ・競争から共生へ』のなかで、「水産における遺伝資源」という考え方を説いておられる。いかなる生物資源もその背後に必ず遺伝子資源が存在するとし、水産資源における漁業資源と遺伝子資源の関係を明確にされた。遺伝子資源は、人類に与えられた財産である。魚にとっては次世代を生み出し、子孫繁栄の基であり、後世への遺産として責任を持って保存しなければならない。そのためには **「遺伝子資源地図の作成」** が必要だと提起されている。（注４）

例えば、マコンブは、海峡の青函両岸沿岸部だけに生育している。〃マコンブ遺伝子地図〃を作成し、海水温上昇に上手に対応していく体制を作り出していければよいと考えている。

（注４）「生きものから学ぶ　競争から共生へ」
エコハ出版発行、第二版

5 海洋・水産の先端研究拠点へ

以上のように、海洋・水産の環境は大きく変わっており、行政もその保全・育成に積極的に取組みが始めている。その際、津軽海峡は研究開発をしたり、その実験・実証する上での絶好の場となる条件をもっている。この機会をとらえて海洋・水産の先端地域として名乗りを上げることの意義は極めて大きいと考えられる。それが出来れば「津軽海峡の未来」にも具体的な展望が開けてくるであろう。

第９章　津軽海峡の未来

「津軽海峡はこれまでもクロスロードとして様々な物語をつくってきましたが、これからも環境に合わせた挑戦を続けることにより、新しい物語をつくっていくでしょう。」（上村栄次）

鈴木克也

１　主体的な取組の必要性

これまで、「津軽海峡圏」の基礎的条件としては、まず青函連絡船、海底トンネル、続いて新幹線の開通という交通手段の発達により、北海道道南と青森を中心とする北東北の時間距離が、大幅に短縮されたことがあることを述べた。（第２章）

また、「津軽海峡圏」という視点から、その自然・風土・歴史・文化の面での基礎条件として、津軽海峡を挟んだ両地域には共通の文化圏があったことを確認した。特に、津軽海峡が様々な意味での**クロスロード**の役割を果たしてきたことを協調した。（第３章～第５章）

さらに、現実的な課題として、縄文文化、広域観光、「食のクラスター」水産資源の保全・育成などについて、その方向性を検討してきた（第６章～第８章）

そのどこをとってもポテンシャルとしての「津軽海峡圏」は充分可能だということであった。

しかし、それを本格的なものとするには、地域の産業・企業・住民・自治体・関係する専門家達の主体的条件が整うかどうかにかかっている。また、それを推し進める明確な理念と方針を掲げるリーダーシップに期待したいところである。

2 青函の新たな交流事業

津軽海峡を挟んだ両地域の共通の精神基盤（アイデンティティ）を強化するには、とにかく両地域の交流を促進すべきだということで、これまでにも、公式なものとして「青函ツインシティ連絡協議会」「「青函インターブロック交流圏推進協議会」などの組織で継続的な努力が行われてきた。

（青函ツインシティ交流推進事業）

「青函ツインシティ協議会」は函館市と青森市が連携して交流を促進しようということで始まったものだが、二〇一九年三月に三〇周年を迎えた。

協議会の発表によると、二〇一八年度の提携事業は一〇七件あり、ピーク時と比べると多少数は減ったものの高い水準である。分野別にみると、教育・文化事業が四一

青函ツインシティ提携調印式

（出所）函館市公式ホームページ

件、スポーツレクリエーション事業が二四件、産業経済交流一九件、ツインシティ連携普及事業一四件等となっている。(図表9-1)

　このような交流事業の積み重ねが大きな意味を持っているが、肝心の産業経済の交流はそれほど多くないのは問題である。北海道新聞では具体的な連携事業を紹介しながら『経済連携より強化へ』との表題を掲げている。

図表 9-1　青函ツインシティ交流事業の概要

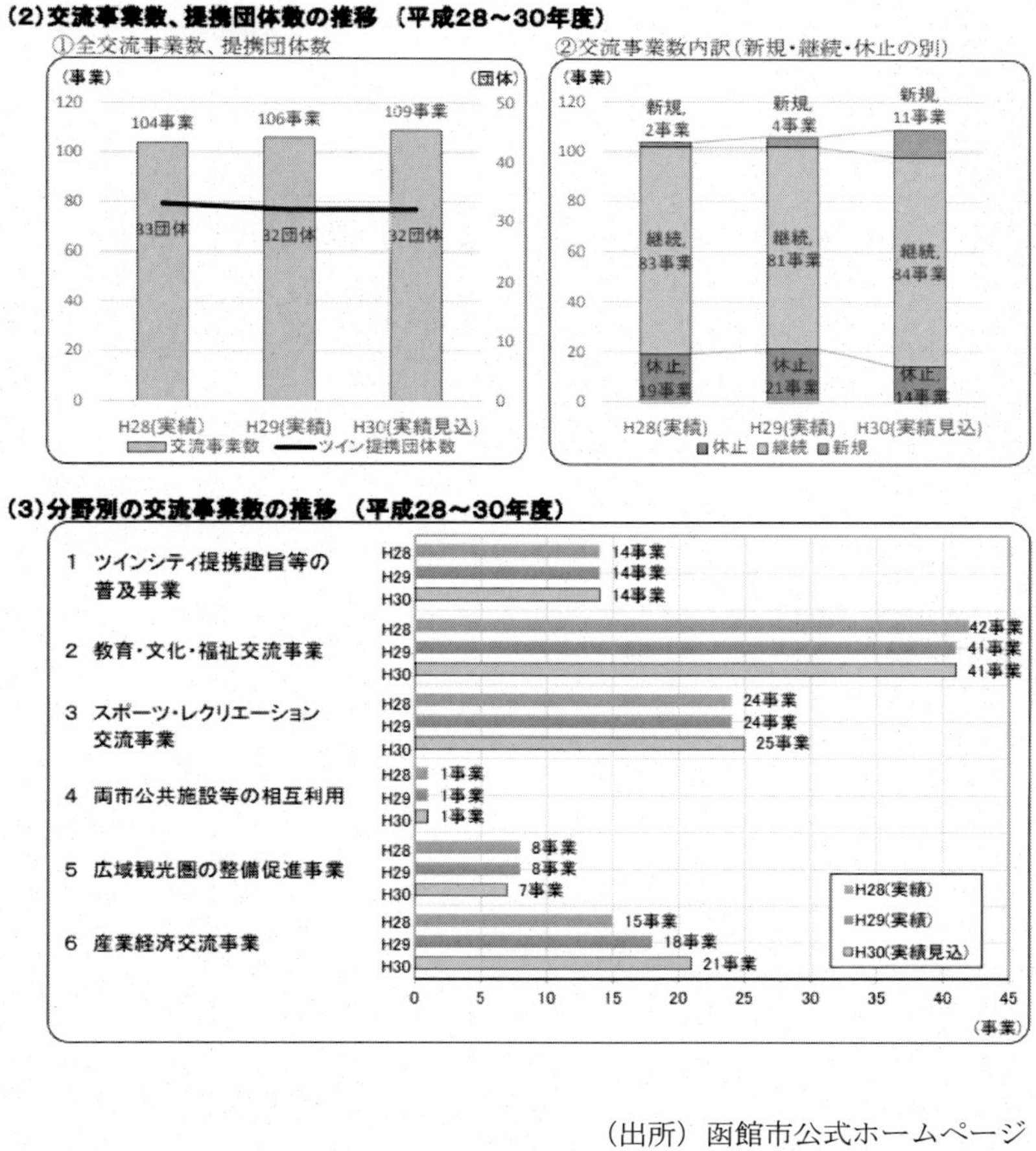

(出所) 函館市公式ホームページ

（青函インターブロック交流圏推進事業）

産業経済連携という意味では、北海道と青森県が連携して青函経済研をつくろうとの取組がもっと意欲的なものであった。それとの関連で二〇一三年から、民間人が中心になって始められた**「ラムダ計画」**は評価できるものであった。

これは様々な分野から、様々なレベルで連携事業のアイデアを挙げ、実現できるものから自主的に実践していこうとの取組であった。最近の企画の中で目についたものをいくつか紹介しておこう。

・マグロ女子会による「マグロのセイカン博覧会」開催
・北海道江差町と青森県佐井村で文化・芸能交流
・青函連絡船をめぐるドラマ「すすめ！青函連絡船」の制作
・ヒバ林をテーマにした交流大会
・青函周遊観光定着化推進事業
・船舶でつながる青函交流圏促進事業
・白神山地「選ばれる世界遺産」プロジェクト事業

また、「ラムダ計画」との関連で、函館市、青森市、弘前市、八戸市の四市が観光のテーマで連携し、情報誌の協働発行を含む活動を始めている。このことは第6章でも

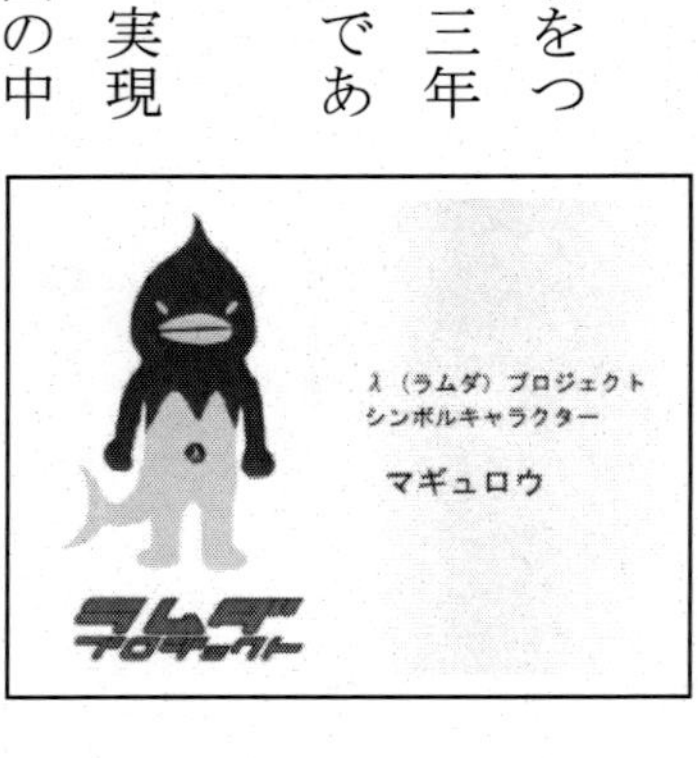

紹介したように津軽海峡を挟んだ広域観光にとって極めて大きな意味を持つものである。

（新しい交流促進事業の必要性）

こうした公式の交流促進事業はすでに三〇年も続けられてきている。確かに両地域の持続的な交流促進のために大きな役割をはたしてきたが、ここにきて節目を迎え、今後のあり方が見直される時期にきているのかもしれない。

今後については特に産業・経済に焦点を当てた新しいプロジェクトの具体的な展開が求められているといえよう。

3　新しいプロジェクトの必要性

「津軽海峡圏」をもっと本格的なものとするには従来の延長線だけではなく、新しい観点からの方向性が求められている。その際、日本全体の少子高齢化や成熟化、国際化進展の中での日本の果たすべき役割の変化、地球的な規模での環境問題など大きな変化を踏まえた新しいプロジェクトが考えられるべきである。

そのアイデアについては本書のあちこちで問題提起してきたが、ここでまとめの意味を込めてその項目を整理しておきたい。

①　基盤インフラの一層の整備

青函交流にとって津軽海峡連絡船、海底トンネル、新幹線の開通等交通手段の発達が大きい意味を持っていたし、この面では相当進展したと思われる。当面は航空、鉄道、フェリー、バス、タクシー、レンタカー等の交通手段の連携強化が緊急に求められる。

そして将来的には、最近話題になってきた自動車向けの**第2青函トンネル**も検討に値すると思われる。

第２青函トンネル構想

（出所）日本経済新聞

これについては二〇一八年に民間の「第二青函トンネル構想研究会」が立ち上がり、その効果や費用の検討が始まっている。（日本経済新聞二〇一九年三月一三日）これには予算もかかり、検討に時間がかかるであろうが民間の熱い心は評価できるであろう。

② 縄文から続く両地域の共通のアイデンティの認識

津軽海峡を挟む両地域は縄文時代から続く共通の文化基盤がある。おりしも、北海道・北東北の縄文遺跡群を世界遺産に登録しようとの運動が盛り上がっているが、もしこれが実現すれば、外国人への広域観光や子供たちへの日本文化教育にも極めて大きな影響がある。それを促進するためにも縄文遺跡を巡るゴールデンルート整備と情報発信体制を準備するべきだと思われる。

このコースには青森県の三内丸山遺跡、秋田県の伊勢導体遺跡大湯遺跡、北海道の大船遺跡などが含まれるべきであろうが、問題はその交通アクセス、案内板やガイドブック、特に外国人に対する情報提供のあり方を早急に検討すべきであろう。

③ 海と港の活用

津軽海峡の魅力は何といっても海と港にある。様々な理由から

縄文
JOMON JAPAN
縄文遺跡群ロゴマーク

（出所）北海道。北東北縄文遺跡

人々の海や港への関心は薄れつつあるが、これを取り戻す様々な試みが必要である。そのために、例えば本書で提言している津軽海峡をめぐるクルーズ船を検討すべきである。様々な場面で海や港についての情報発信や教育の機会を増やす必要がある。シーズンごとの海や港と絡んだイベントを連動させるべきだと思われる。

みなとオアシスのシンボルマーク

④「津軽海峡ブランド」の構築

この地域が海の幸、山の幸を含めて農水産品の地域資源が豊かなことは、先述の通りであるが、それにはっきりした「津軽海峡ブランド」名をかぶせ、組織的で、戦略的な展開をすべきである。

それにあたって、特に首都圏マーケットの重要性を意識すべきである。この点について、ラムダ計画の中では、青森市と函館市が連合したアンテナショップをつくり、そこを拠点とした新たな商品開発や販売戦略を継続的に行うとの案も提示されている。

⑤津軽海峡を活用した海洋・水産研究先進地域へ

津軽海峡はマグロやサケ等の魚類、アワビやウニ等の貝類、コンブやワカメ等の海藻類などの水産資源の宝庫である。これら水産資源の保全・育成が世界的な課題になっている中、津軽海峡はその先端的なモデルと地域全体で位置づけ、そのための様々なイノベーションを行うとよいと思われる。過去にもウニの海洋養殖の実験が行われたこともあるが、それらを含めて総合的な研究と実験、実行の拠点とすることで大きな役割を果たすことができると思われる。

⑥ 環境ビジネスの見直し

地球温暖化をはじめとする環境問題は、世界的にも緊急の課題となっているが、ここ数年は進展がみられていない。

しかし、地域の特徴からして、この地域が環境問題に取り組みやすい条件を持っているように思われる。十年程前にはその試みのひとつとして「潮力発電」が検討されたこともある。これは様々な理由で実現されなかったが、この様な検討が続行されること自体、意味が大きかった。

これについては、平成二五年（二〇一三年）に函館の戸井町汐首岬周辺で海流の調査が行なわれた。（注1）それによると潮流の季節変動が著しいため年間を通じた潮流エネルギーを回収するのが難しく、新たな技術・開発が求められるという。特にタービン・プレートの形態変化で電力への変換効率を最大限にする方法の開発が求められ

（注1）これについては、蛯子翼、宮武誠、築地利昭、猿渡亜由未等の研究論文が出ている。

るようである。この工夫により流量の変化をある程度定性的にすることが、可能というとことがわかってきている。別途考えられている風力も加えた技術的工夫により、潮力発電が経済的にも成り立つということになれば、津軽海峡のシンボルともなるであろう。

むすびにかえて

津軽海峡はそれを挟む北海道道南と青森県を中心とする北東北にとって、精神的なシンボルである。この両地域は自然風土から見ても、歴史的・文化的に見ても古くから色々な形で繋がってきた。海底トンネルで両地域が陸続きになり、新幹線で移動距離が短縮されたこともあり、この両地域を合わせた「津軽海峡圏」を構想できるのではないかとの議論が起こり、またそれを促進するための組織も出来上がっている。

それらを形だけのものに留めないで実質的なものとするには、どのような条件が必要かをもう一度、具体的に考えてみようというのが、本書の発行の目的であった。

その際最初から最も気になっていたのは、両地域の人々に共通のアイデンティティがあるのか、その根拠をどこに求めるのかという点であった。

たまたま、両地域では多くの縄文遺跡群があり、これを世界遺産に登録しようとの動きがあるので、これを共通のアイデンティティに磨き上げるのがいいのではないかと考えた次第である。このことは、縄文の時代から共通の文化を持っていたというだけでなく、日本文化の源流ともいえる内容を持ち、人類史上にも大きなポジションを持つものなので、世界に情報発信する価値を持つものと考えられるからである。

もう1つの視点は、津軽海峡を挟んだ両地域を国際的にとらえ直すことである。これからも訪日外国人が増え、日本の情報発信のポジションが高まる中、両地域の個別の魅力だけでなく、このエリア全体の持つ自然景観や温泉・グルメ・祭などの歴史的遺産の多様性のスケールの大きな情報発信が求められてくるであろう。

第3点としては、両地域の日常的活動が有機的、立体的な交流と繋がっているということが求められる。この点両地域に繋がる産業基盤が弱いことが問題点として浮かび上がる。もっとも広域観光については、先行的な行動が見られるようになっており、これが発展することの効果は大きい。食文化やグルメについては、昔からブランド化の必要が唱えられてきたが、今の所はまだ力が弱いように感じられる。もうひとつコアになるような産業クラスターが欲しいところだが、例えば津軽海峡を利用した環境プロジェクトについては、もっと掘りさげた取り組みが必要だと考えられる。

いずれにしても「津軽海峡圏」を実質的なものとする現実的な条件は整いつつあるが、自治体、住民、関係専門家が継続してこの問題の重要性を認識し、行動することが求められていると言えよう。

最後になったが、本書編集にあたり、共著として執筆に参加いただいた方、インタビューや取材に応じていただいた方、編集や校正に協力いただいた方々に心から感謝致します。

二〇一九年五月

エコハ出版代表　鈴木克也

〈参考文献〉

エコハ出版編「観光マーケティングの理論と実践」二〇一一年二月
山﨑文雄著「生きものから学ぶ・競争から共生へ」二〇一一年八月
エコハ出版編「地域における国際化」二〇一四年八月
エコハ出版編「新しい港町文化とまちづくり」二〇一七年九月
土谷精作著「縄文の世界はおもしろい」二〇一八年九月

安田喜憲・阿部千春編「津軽海峡圏の縄文文化」(株)雄山閣二〇一五年一月
一般財団法人青森地域社会研究所編「れぢおん青森」
・・・新時代における津軽海峡交流圏・・・　二〇一四年～二〇一五年
津軽海峡交流圏ラムダ作戦会議編「ラムダプロジェクトに関する提案」二〇一七年
加藤貞仁著「北前船寄港地ガイド」　(有)無明舎出版　二〇一八年一月
福島町「福島町史」一九九五年三月
水産新聞社「週刊水産新聞」
津軽海峡海難防止研究会「津軽海峡の天気とことわざ」一九八九年一二月

山川出版「青森県の歴史」
JAPIC編「提言！次世代活性化プロジェクト」二〇一七年一一月
福島町「第2青函トンネル構想を実現する研究会設立総会」二〇一九年二月
平尾魯遷著「箱館紀行」「洋夷茗話」

（地域活性化シリーズ）『地域のおける国際化』2014年8月	函館の開港は喜んで異文化を受け入れることによって、地域の国際化におおきな役割を果たした。その歴史が現在でも息づいており、今後の年のあり方にも大きな影響を与えている。これをモデルに地域国際化のあり方を展望する。
コンピュータウイルスを無力化するプログラム革命（LYEE）2014年11月	プログラムを従来の論理結合型からデータ結合型に変えることによってプログラムの抱えている様々な問題を克服できる。プログラムの方法をLYEEの方式に変えることにより、今起こっているウイルスの問題を根本的に解決できる。
（農と食の王国シリーズ）『柿の王国～信州・市田の干し柿のふるさと』2015年1月	市田の干し柿は恵まれた自然風土の中で育ち、日本の柿の代表的な地域ブランドになっている。これを柿の王国ブランドとして新たな情報発信をしていくことが求められている。
（農と食の王国シリーズ）『山菜の王国』2015年3月	山菜は日本独特の四季の女木身を持った食文化である。天然で多品種少量の産であるため一般の流通ルートに乗りにくいがこれを軸に地方と都会の新しいつながりをつくっていこうとの思いから刊行された。
（コミュニティブックス）『コミュニティ手帳』2015年9月	人と人をつなぎ都市でも地域でもコミュニティを復活することが求められている。昔からあったムラから学び、都市の中でも新しいコミュニティをつくっていくための理論と実践の書である。
（地域活性化シリーズ）『丹波山通行ッ手形』2016年5月	２０００ｍ級の山々に囲まれ、東京都の水源ともなっている丹波山は山菜の宝庫でもある。本書では丹波山の観光としての魅力を紹介するとともに、山菜を軸とした地域活性化の具体的方策を提言している。
（農と食の王国シリーズ）『そば&まちづくり」2016年11月	日本独自の食文化であるそばについて、その歴史、風土魅力、料理の作り方楽しみ方などを総合的に見たうえで今後に世界食としての展望を行っている。
（理論と実践シリーズ）『新しい港町文化とまちづくり』2017年９月	北海道の釧路・小樽・函館をモデルに江戸時代の北前船を源流とする港町文化を見直し、今後のまちづくりとつなげていくという提言の書である。
（農と食の王国シリーズ）『海藻王国』2018年1月	海の幸「海藻」はふるじゅじゃらの日本独自の食文化を形成してきた。海藻は美容や健康に大きな効果があり、日本の豊かな食生活を支えている。地域の産業としても、これからの国際的展開という面からも海藻を見直すべきだと論じている。
（理論と実践シリーズ）『ソーシャルエコノミーの構図』2018年3月	今、日本で起こっている様々な社会的な問題を解決するにあたって、これまでの市場の論理や資本の論理ではない「第3の道」としてソーシャルエコノミーの考えじゃたが必要なことを論じ、その実践的な事例を紹介する。
（日本文化シリーズ）『縄文の世界はおもしろい』2018年9月	自然と共生し、平和と平等な社会が1万年も続いた縄文社会は現代文明のアンチテーゼとして見直すに値する。

現在、地域や社会で起こっている様々な問題に対して新しい視点から問題提起するとともに、各地での取り組み先進的事例を紹介し、実践活動に役立てていただきたいということで設立された。出版方式としてもは部数オンデマンド出版という新しい方式をし、採用した。今後も速いスピードで出版を続けていく予定である。

（連絡先）
神奈川県鎌倉市浄明寺4-18-11　鈴木克也
（電話・FAX）0467-24-2738　　（携帯電話）090-2547－5083

エコハ出版の本

『環境ビジネスの新展開』2010年6月　2000円	日本における環境問題を解決するためには市民の環境意識の高揚が前提であるが、これをビジネスとしてとらえ、継続的に展開していく仕組みづくりかが重要なことを問題提起し、その先進事例を紹介しながら、課題を探っている。
『地域活性化の理論と実践』2010年10月　2000円	最近地域が抱えている問題が表面化しているが、地方文化の多様性こそが日本の宝である。今後地域の活性化のためは、「地域マーケティング」の考え方を取り入れ、市民が主体となり、地域ベンチャー、地域産業、地域のクリエイターが一体となって地域資源を再発見し、地域の個性と独自性を追求すべきだと提唱している
『観光マーケティングの理論と実践』2011年2月　2000円	観光は日本全体にとっても地域にとっても戦略的なテーマである。これまでは観光関連の旅行業、宿泊業、交通業、飲食業などがバラバラなサービスを提供してきたがこれからは「観光マーケティング」の考え方を導入すべきだと論じている。
『ソーシャルベンチャーの理論と実践』2011年6月2000円	今、日本で起こっている様々な社会的な問題を解決するにあたって、これまでの利益追求だけのシステムだけでなく、ボランティア、NPO法人、コミュニティビジネスを含む「ソーシャルベンチャー」の役割が大きくなっている。それらを持続的で効果のあるものとするための様々な事例について事例研究している。
『アクティブ・エイジング～地域で活躍する元気な高齢者』2012年3月　2000円	高齢者のもつ暗いイメージを払拭し、高齢者が明るく元気に活躍する社会を構築したい。そのための条件をさぐるため函館地域で元気に活躍されている10人の紹介をしている。今後団塊の世代が高齢者の仲間入りをしてくる中で高齢者が活躍できる条件を真剣に考える必要がある。
山﨑文雄著『競争から共生へ』2012年8月　2000円	半世紀にわたって生きものに向きあってきた著者が、生きものの不思議、相互依存し、助けあいながら生きる「共生」の姿に感動し、人間や社会のあり方もこれまでの競争一辺倒から「共生」に転換すべきだと論じている。
『ソーシャルビジネスの新潮流』2012年10月　2000円	社会問題解決の切り札としてソーシャルビジネスへの期待が高まっているが、それを本格化するためにはマネジメントの原点を抑えることとそれらを支える周辺の環境条件が重要なことを先進事例を紹介しながら考察する。
堀内伸介・片岡貞治著『アフリカの姿　過去・現在・未来』2012年12月（予定）2000円	アフリカの姿を自然、歴史、社会の多様性を背景にしてトータルで論じている。数十年にわたってアフリカの仕事に関わってきた著者達が社会の根底に流れる、パトロネジシステムや政治経済のガバナンスの問題と関わらせながらアフリカの過去・現在・未来を考察している。
（アクティブ・エイジングシリーズ）『はたらく』2013年7月　2000円	高齢になっても体力・気力・知力が続く限りはたらき続けたい。生活のためにやむなく働くだけでなく自分が本当にやりたいことをやりたい方法でやればいい。特に社会やコミュニティ、ふるさとに役立つことができれば本人の生きがいにとっても家族にとっても、社会にとっても意味がある。事例を紹介しつつそれを促進する条件を考える。
風間　誠著『販路開拓活動の理論と実践』2013年11月1600円	企業や社会組織の販路開拓業務を外部の専門家にアウトソーシングするにあたって、その戦略的意義と手法について、著者の10年にわたる経験を元に解説している。
（アクティブ・エイジングシリーズ）『シニア起業家の挑戦』2014年3月2000円	高齢になってもアクティブにはたらき続けるために『シニア起業家』の道もな選択肢である。資金や体力の制約もあるが、長い人生の中で培われた経験・ノウハウネットワークを活かして自分にしかできないやりがいのある仕事をつくり上げたい。

地域活性化シリーズ
津軽海峡物語－津軽海峡圏構想の現実的可能性を探る－

2019年 6月21日　　初 版 発 行
2019年 6月28日　　第二版発行

著 者　　鈴木 克也

定価（本体価格2,000円＋税）

発行所　エコハ出版
〒248-0003 神奈川県鎌倉市浄明寺4-18-11
TEL 0467 (24) 2738
FAX 0467 (24) 2738

発売所　株式会社　三恵社
〒462-0056 愛知県名古屋市北区中丸町2-24-1
TEL 052 (915) 5211
FAX 052 (915) 5019
URL http://www.sankeisha.com

乱丁・落丁の場合はお取替えいたします。
ISBN978-4-86693-071-8 C1025 ¥2000E